「食」の図書館

ベリーの歴史

BERRIES: A GLOBAL HISTORY

HEATHER ARNDT ANDERSON
ヘザー・アーント・アンダーソン【著】
富原まさ江【訳】

原書房

目次

［……］は翻訳者による注記である。

序章◉ベリーのよろこび

食べ頃のベリーがたわわに実る茂みは、お腹を空かせたハイカーにとって最高にうれしい光景だ。だが、ベリーのよろこびを知っているのは人間だけではない。鳥やリス、昆虫もベリーが大好物だし、クマは秋に大量のベリーを食べて冬眠に備える。世界中でベリー類の生産量第1位を誇るのは北アメリカだ。2012年の生産量は200万トンを超え、第2位のロシアの71万トンを大きく上まわっている。ロシアを象徴する動物はクマだが、ロシア人もクマと同様にベリーが大好きだ。ロシア語で「お尻」を意味する yagoditsy という言葉には、もともと「小さなベリー」という意味がある。

ベリーの実をつける植物は湿った酸性の腐植土（特に火山性土壌に含まれる）でよく育つ傾向にあり、広大な森林が広がる温帯地域で最もよく育つ。生育地はあまり限定されないが、とても傷みやすいため大半は世界各地に出荷するより地元消費を目的に生産されている。世界で生産される果物のトップ10入りはしていないものの、ベリー類には熱烈なファンも多い。ベリーの用途はパイの詰めものやジャムにとどまらない。神聖な薬であり、スピリチュアルの象徴であり、死に至らしめる武器でもある。

私のようなアメリカ北部出身者ならば、ベリーにまつわる子供時代の思い出がひとつやふたつはあるはずだ。街の通り沿いの草むらや雑草が生い茂る畑の周辺で野生のブラックベリーを摘み、空のマーガリン入れに詰めこんだこと。イチイの木に生《な》る、露に濡れたサンゴ色のベリーに毒があるとは知らず、食べて危うく死にかけたこと。弟をそそのかして苦いイヌホオズキを食べさせ、顔をしかめるのを見てよろこんでたこと。茎にトゲのあるホーソーンベリーを何度か摘んで、怪我をしてまで食べる価値があるかどうかを確かめた末、「そこまですることはない」という結論に達したこと。のどかな農地で、神聖な森の中で、うっそうとした沼地で、人々はベリーをつまむ。太古の昔からあるこの光景は、きっと今後も変わらないだろう。

この短い本ではすべてのベリー類を事細かに網羅するのは無理というものだ。そのかわり、世界で人気の高い種類を取り上げ、なぜこれほどベリーが愛されてきたかという点にも光を当てた。主食、流行の食べ物、古代の神聖な伝承――どんな位置づけであれ、ベリーは人類の歴史の一部なのだ。

第1章 ◉ ベリーの種類

ベリーの正確な定義は「種子が果肉に包まれ、薄い皮で覆われている果実」だが、普段ベリーと呼ばれている果実は他にもたくさんある。ベリーと聞けば、誰もがよく似たイメージを思い浮かべるだろう。バナナやオレンジを思い浮かべる人はいないだろうし、「植物学上イチゴはベリーに分類されない」なんてことを気にかける人もほぼいないはずだ。

ベリーは一般的なイメージに反して複雑な果実だ。植物学上はトマト、柿、コーヒー豆、キウイフルーツなども広く「ベリー」に定義される。さらにはキュウリ、メロン、パパイヤなど、いわゆる瓜状《うりじょう》果《か》として知られる厚い果皮を持つ果実も含まれるのだから驚きだ。植物学上はバナナは「革のようなベリー leathery berry」だし、柑橘類のように果実がいくつかの子袋に分かれ、果皮がやわらかいものはミカン状果というベリーの一種だ。奇妙な形をしたチェリモヤ（別名カスタードアップル）はベリーの集合体という位置づけになる。ベリーの特徴に非裂開性《ひれつかいせい》というものがある。これ

カリフォルニアの農産物市場で売られているベリー

は、熟すと鞘《さや》が裂けて種子が露わになるトウワタなどとは違い、ベリーの実は裂けたりしないということだ。ベリーに似た果実は、植物学的には「真珠のような」という意味を持つ「バカーテ baccate」と呼ばれる。ちなみに、ギリシア・ローマ時代のワインの神バッカスにちなんで名づけられた「どんちゃん騒ぎ bacchanal」という語とは何の関係もない（ブドウも定義上はれっきとしたベリーだが、ブドウだけで一冊の本が書けるくらいなので本書ではふれていない）。

ジュニパーベリーは、正確には「ベリー」ではなくヒノキ科の針葉樹の球果《きゅうか》に分類される。厳密には「ベリー」という語は、ブラックベリー（小核果《しょうかくか》と呼ばれる小さな果実が結合した集合果）やマルベリー（複合果）には適用されない。また、イチゴ（分類上は偽果《ぎか》といい、子房《しぼう》ではなく花托《かたく》［花びら・雄しべ・雌しべ・がくなどがつく部分。イチゴにおいては赤い食用の部分］に種子が散在する）についても同様だ。もっとも、今挙げた果実が正確にはベリーでないとしても、こうした主張はただ学をひけらかす以外に何も意味を持たないだろう。料理において、また一般的な概念ではこのような果実もすべてベリーだ。

幸い、昔から世間でベリーだと認識されていた果実には、ちゃんとその名に「ベリー」という語が含まれている。ハックルベリー、クランベリー、リンゴンベリー、ブルーベリー、ビルベリーなど（すべて *Vaccinium* 属の仲間だ）は定義上れっきとしたベリーだし、グースベリーや近縁種のスグリ類（*Ribes* 属の種）、エルダーベリーや酸味のあるバーベリーやゴジベリーも同様だ。本書での「ベリー」の定義は、甘く多汁な丸い小さな果実──素朴なヨーグルトやポリッジ［オートミールを牛乳で煮こんだもの］をさらにおいしくしたり、ケーキを美しく飾ったりするもの、とする。それでは、世界中で愛されているベリーを分類ごとに紹介しよう。

●バラ科のベリー

バラ科のベリーは世界で幅広く生産されており、この仲間にはイチゴ、キイチゴ、サービスベリー、ローワン、ホーソーンなどの人気のベリー類が多く含まれている。果実の構造上はイチゴとケインベリーはバラ亜科に、チョークベリー、ローワン、サービスベリーは別の科に属する。

イチゴは古くから世界中の温帯地域（と一部の熱帯地域）に自生する多汁質《たじゅうしつ》の果実だ。20種以

新鮮なオレゴン産イチゴ

上あり、その大半は赤い色をしている。植物学上はベリーではないが、ベリーを象徴する果実としてイチゴ以上の存在を見つけるのは難しいだろう。野生のイチゴはかなり小粒だが、味がよい。大ぶりになると糖度や味が低下する傾向にある。日本ではピンク色や白いイチゴ、かなり大粒のイチゴが開発されてきた。世界最大を記録するイチゴも、日本の畑で収穫されたものだ。

strawberry（イチゴ）という名前は長い間謎に包まれていた。ある植物学者は、「イングランドの園芸家たちは、現在果実（berry）の下に藁（straw）を敷き、実が直接土にふれない完璧な環境を作っている。strawberry とはよく言ったものだ」と書いている。

だが、野生のイチゴの実は当然地面にふれているわけだ。……つい忘れてしまいそうになるが、

strawberry の straw は現在の「藁」という意味とはまったく関係がない。実があちこちに散らばるように生ることから、「散らばる、広がる」を意味する古英語「strew」にちなんでつけられたものだ。[1]

イチゴがたった約20種なのに対し、ブラックベリー類（*Rubus* 属）は数百種が存在する。1885年にスウェーデンの植物学者フレドリク・ヴィルヘルム・クリスチャン・アレスコウは、西欧だけでも「この属の種は無尽蔵と言えるほど豊富に」存在すると書いた。[2] 数十年後、このテーマの権威ある文献『イギリスとアイルランドのルバス属 *Rubi of Great Britain and Ireland*』（1958年）が出版され、イギリス諸島だけで391種が取り上げられた。Rubus 属は急速に種の数が増えたグループで、あまりの多さにこの属だけの科学的研究を指す「バトロジー batology」という言葉ができたほどだ。

キイチゴ属には野生種と（低木や蔓《つる》などに生る）栽培種を合わせると数百種類もあり、実を摘む際にトゲが指に刺さったり洋服をひっかけたりしてしまうものもある。この属にはラズベリー、ブラックベリー、サーモンベリー、シンブルベリー、デューベリー、クラウドベリー、ワインベリー、匍匐性《ほふくせい》イバラなどがある。また、ローガンベリー、ヤングベリー、オラリーベリー、ボイセンベリー、タイベリー、マリオンベリー、トゥンメルベリー、バイチベリー、シルヴァンベリー、ヒルダベリーなど、アメリカとイギリスの品種や交配種も数多く含まれている。

キイチゴ属の実の大半はトゲに覆われた蔓に生る。以前は、蔓にトゲのないラズベリーは角のない雌シカ（hind）にちなんで「ハインドベリー hindberry」と、トゲのあるブラックベリーは角のある雄ジカ（hart）にちなんで「ハートベリー hartberry」と呼ばれていた。頑丈なブーツではなくジョギングシューズでうっかり森を歩くと、蔓に生えたラズベリーのトゲで足首を引っかいてしまうこともある。

サスカトゥーンベリー、シャドベリー、ジューンベリーなど複数の呼び名を持つサービスベリーも、やはりバラ科に属する。さまざまな種類があるが、球形の果実はすべて赤みがかった色から濃い青紫色で、小型のリンゴのような形をしている。

サスカトゥーンベリーはラテン語の学名を Amelanchier といい、古期フランス語でセイヨウカリン（これもバラ科に属する）を表す語に由来するが、「サスカトゥーン」という名は先住民クリー族の言葉で「多くの枝に成る果実」を意味する misâskwatômina を英語にした語だ。カナダのサスカチュワン州サスカトゥーン市の名称はこのベリーから取られた。サービスベリーの語源については興味深い説がある（真実かどうかはわからないが）。春が訪れると凍っていた地面が融けるため、墓を掘ったり冬の間に亡くなった人の埋葬式を行ったりする。その頃に花を咲かせる植物なのでサービスベリーという名がついたという［「サービス」には宗教的儀式の意味合いがある］。他にも、シャドベリーという名は、「シャド」という魚が川を泳いで産卵地に向かい始める頃に花が咲くことからつけられたという言い伝えがある。

18世紀に描かれたラズベリーの絵

ローワンベリー

ローワン（学名 *Sorbus*）はマウンテンアッシュ、チェッカーツリー、サービスツリー（*Amelanchier* 属とは別種）としても知られる低木で、北半球の温帯地域に生育する。最も一般的なマウンテンアッシュという名は、この木が中高度の土地や高地を好むことと、羽のような葉がアッシュツリー（学名 *Fraxinus*）に似ていることからつけられた。別名のチェッカーツリー（chequertree）は、古期フランス語でチェス盤や市松模様の勘定台を意味する eschequier に由来する（イギリスでは exchequer という語に相当する）。ローワンの成木の樹皮が格子模様（chequered pattern）であることからこの名がついたと言われている。

古代ローマの博物学者、大プリニウスによると、「枝の間にたわわに茂り」、太陽のような黄色から朱色までの色のローワンの実は、集まって房を形成する。[3] 基本的にローワンには、生で食べておいしいもの――プリニウスの引用にある実もその一種だ――と、ジャムやゼリー

ホーソーンベリ

にして食べるものがある。薔薇色のローワンベリー・ゼリーは、鹿肉やラム肉のロースト、質のいい黒パンとウェンズリーデールチーズとともにテーブルを飾り、食事の味をさらに格別なものにする。

柿やマルメロと同じでローワンも渋みが強く、普通は霜にあたって熟してからでないと食べられない。実が冷えると糖分が出て、デーツのような甘みと肉厚の実を楽しむことができるのだ。サービスツリーに生る実は小粒で酸味の強い野生リンゴに似ており、生食に適している。ドイツでは「シュパイアーリング Speierling」と呼ばれ、よく熟してから市場に出される。また、ヘッセン州ではこれをリンゴに加えて作る甘いワインが人気だ。

ローワンに似た植物にホーソーン（hawthorn）がある。ソーンアップル（thornapple）やホーベリー(haw berry）とも呼ばれるこの植物の実は赤いでんぷん質で、その名の由来となったトゲ（thron）に覆われた茎に実る。前半の haw は古英語で「生け垣」を意味する haw から取られた。

ホーソーンはメイツリー(May tree）という別名を持つが、これにもそれなりの由来がある。「Ne'er cast a cloot 'til May's oot」――これはスコットランドの格言で、「温かくなってホーソーンの花が咲くまで冬の衣類を片づけるな」という意味だ。この May は「5月」ではなく、ホーソーンの花を指す。ホーソーンはイギリスでは「ブレッドアンドバターベリー（パンとバターのベリー）」とも呼ばれるように、比較的ぱさついた食感で味も薄い。きっと実がでんぷん質であることから「ブレッド」という愛称がついたのだろう。

自然を愛するイギリスの作家リチャード・ジェフリーズは著書『ロンドン周辺の自然 *Nature Near London*』（1883年）のなかで、先般ベリーが豊作だったいわゆる「ベリーの年」にはリンゴのように「とてつもなく大きい」ホーソーンの実が枝に生ったと書いている。だが、リンゴと違ってホーソーンの実は食用にあまり適さず、鳥でさえも冬の食料不足のときでないと食べないほどだ、と言いつつも、彼はこう続ける。「ホーソーンはイギリスの自然に満ちた生活、つまり田舎の生活に溶けこんでいる。この実は常にイギリス人に寄り添っているのだ[4]」

ノルウェーに自生するビルベリー

◉ブルーベリーとその近縁種（*Vaccinium* 属等）

Vaccinium 属とは、世界の温帯・北方地域に生育するブルーベリー、ハックルベリー、クランベリー、リンゴンベリー、ワートルベリー、ビルベリー、サラルなど百数十種類のベリー類を指す。いずれも酸性土壌を好み、黒っぽい、あるいは青みがかった（たまに赤みがかった）実をつける。

ベリーには粘度を増すペクチンが多く含まれているので、料理に使うだけでなくジャムやゼリーに最適だ。クランベリーソースを缶から出すと、たいていこんもりとした円筒形のまま崩れない。これは高濃度のペクチンのなせるわざだ。19世紀の造園家ジョン・クラウディス・ラウドンによると、ボグブルーベリー（クロマメノキ）の実は頭痛やめまいを引き起こすことがあるという。原因は実そのものではなく皮に付着したカビではないかと思われるが、19世紀のイギリス、シベリア、スウェーデンでは、酔いが早くまわるための添加剤としてビールや蒸溜酒に使用されていたようだ。

ヨーロッパや南北アメリカの涼しい土地では、他にもいくつかの近縁種が好んで食べられている。クロウベリー（カナダのラブラドール地方では「ブラックベリー」と呼ばれる。学名 *Empetrum nigrum*）は外見がヒースに似ており、茎の先に球状の黒い実が集まって生る。また、ラブラドール地方ではクロウベリーの茎や枝を燃やしてサーモンの燻製に使う。*Gaylussacia* 属でアメリカ東部と南部でハックルベリーと呼ばれるベリーも、味と用途はクロウベリーと同じだ。この属はアンデス山脈やブラジルの山などはるか南に自生している。

一方、常緑低木のサラル（学名 *Gaultheria shallon*）は太平洋岸北西部の人々の生活に役立ってきた。葉は料理に使われ、実は干したサーモンやスエット（牛や羊の脂）と混ぜてすりつぶしてから焼くと保存食になる。同じ属のウィンターグリーンまたはティーベリー（*G. procumbens* や他の種）は、アメリカ先住民によって使用されていた。おもな用途は薬としてだが、ほのかに甘い味は長い間この実を採取する人々を楽しませてきた。19世紀の園芸家ジェームズ・ヴィックはこの実を絶賛している。

ああ、ウィンターグリーン。おまえはその実と、ぴんと張った緑の葉でおいしいものに目がない少年少女を強く惹きつける。足首の深さまで伸びたウィンターグリーンの深い茂みに入ったことがある子供は、後にきっと思い出すことだろう。ポケットや空箱に詰めこんだ葉を噛み、実を食べた日の、あの褐色の森の光景を。

●グースベリーとスグリ（学名 *Ribes*）

Ribes 属には、太平洋岸北西部を原産とするウースタベリーや、ドイツでスグリ（ドイツ語で Johannisbeere）とグースベリー（ドイツ語で Stachelbeere）を交配させたヨスタベリーなどがある。*Ribes* という学名は、ペルシャ語やアラビア語で「酸味のある」という意味の ribas に由来しており、この植物の味を的確に表していると言えるだろう。

スグリやグースベリーはヨーロッパ、北アメリカ、アジア、アフリカ北西部の全域に自生している。スグリの実は一般的に赤や黒（たまに白もある）、グースベリーの実は半透明の緑で、皮には毛茸《もうじ》［薄いうぶ毛のようなもの］が生え、縦縞の模様がある。クランベリーやリンゴンベリーと同じく、スグリは酸味が強くペクチンを多く含み、ゼリーにすると風味の強い肉料理やジビエ（猟獣料理）によく合う。ぴりっとした味のグースベリーは、北欧では酢漬けにして脂ののった魚に添え、インドではヨーグルト米に混ぜて食べる。

スグリはさまざまな種類が広く栽培され、その大半は乾燥させたり、ジャムやゼリーなどに加工したりして消費される。だが、より熱心なファンが多いのはグースベリーのほうだ。イギリスでは

茂みに実るブラックエルダーベリー

昔から好んで食され、バイキングの子孫はこれをスパークリングワインに加工した。ただし、シェフで料理書も著したジェサップ・ホワイトヘッドが1889年に書いたように、「アメリカではほとんど見向きもされない果物」だったようだ。[6]

◉エルダーベリー（学名 *Sambucus*）

低木植物のエルダーベリーは森林下層や畑の周緑部などに自生しており、ヒメレンジャクなどの鳥は熟しすぎた実が好物だ（エルダーベリーがこれほど広くワインの原料として利用されるのは、茂みに生った実がすぐに醱酵する性質を持っているからかもしれない）。小さな実が一粒ずつ生るので、植物学的にはベリーではなく核果《かくか》に分類される。色は紫がかった黒、青、赤――青や赤い実には毒がある――で、そのまま食べると種が多く味も悪いため、火を通したりワインの原料として利用されたりすることが多い。調理前には細い茎を取り除くという面倒な作業が必要だ。にもかかわらず、野生のエルダーベリーは北半球で何千年にもわたって親しまれてきた。アメリカではヨーロッパほど普及しておらず、19世紀後半にアメリカ合衆国農務省がこんな言葉を贈っている。「エルダーベリーはこの国の価値ある小果樹のひとつと見なされるべきであろう。その位置はリストの最下位ではあるが[7]」

◉マルベリー（学名 *Morus*）

マルベリー（クワ）は、かつて北アフリカ、中東、南ヨーロッパ、地中海、そして南アジア全体に分布していた。17世紀半ばにイギリスやアメリカの植民地に導入され、カイコの餌として急増したが、絹の文化は期待に反して植民地に普及することはなく産業はすぐに綿に取って代わられた。もちろん、マルベリー自体に問題があったわけではない。養蚕による絹の生産はとにかく手間がかかるのだ。

幸い、新たに導入されたブラックマルベリーの実は、ブラックベリーに少し似たおいしいシャーベットやジャムになる。他の種の多くは赤、濃い紫や白い実（白い実は少し味が劣る）をつけ、すべて食用になる。

◉変わり種

イヌホオズキ（学名 *Solanum nigrum, S. retroflexum, S. scabrum*）はトマトやジャガイモ、そして魔女や毒殺者が愛用する恐ろしいベラドンナなどのナス科植物の仲間で、何千年もの間アフリカ、ヨーロッパ、地中海を中心に、また中国やインド亜大陸など世界中で消費されてきた。１８９０年代から１９２０年代にかけて、アメリカの穀倉地帯に定住したヴォルガ・ドイツ人［ロシア帝国時代にロシアに移民したドイツ人の子孫。現在ではドイツやアメリカなどへの移住者も見られる］がロシアからこの種を持ちこんだ。最近はあまり栽培されずに雑草化しており、その実はパイや、ラビオリに似たドイツの郷土料理マウルタッシェの具材にぴったりだ。

イヌホオズキはワンダーベリー、サンベリー、スタブルベリー、ハックルベリー、グソバとも呼ばれるが、ハイデルベリーはまた別物だ。ハイデルベリーもイヌホオズキも、誤ってシュバルツベーレンと呼ばれることもある（このふたつが混同されるのは、どちらも「ガーデン・ハックルベリー」という愛称を持つからかもしれない）。ハイデルベリーは完全な球体で、最初は緑色で毒性があるが、熟して濃い紫がかった黒色になると食べることができる。１９０９年にある園芸家が雑誌『蜂の文化収録集 *Gleanings in Bee Culture Magazine*』に「そのまま食べると最高の味とは言えないが、パイに詰めたりソースにしたりすると、これまで食べたことがないほど最高の味になる」と寄稿した。[8]

もうひとつ、ナス科のゴジベリー（別名ウルフベリー、クコの実）は、滋養強壮に効くとして近

雪をかぶった日本のバーベリー（メギ）

年注目されているが、中国では少なくとも約４０００年前の殷《いん》王朝時代から栽培されていた。[9] １７３０年代にアーガイル公爵がイギリスに持ちこみ、現在は生け垣などに自生している（ゴジベリーは「アーガイル公爵のチャノキ」という別名を持つ）。朱色の実は小さなトウガラシのような形をしている。乾燥させて使うことが多く、赤い干しブドウのようになった実を粥や薬膳スープに入れると栄養価が高まる。

太平洋岸北西部に自生する食用のヒイラギメギの仲間であるバーベリーは、１９２１年のある植物学者の文献によれば「トゲが発達しており、動物がこれを食べるとはとうてい思えない」[10]。確かに、バーベリーの低木はかなり扱いにくい。小さな葉の縁にもトゲがあるし、徒長枝《とちょうし》［まっすぐに勢いよく伸びた枝」の葉の付け根には3本以上の、それも長さが1センチ近くもあるトゲが生えている。リンゴ酸が豊富に含まれているため、わずかに紫がかった細長く赤い実は酸味が強い。

にもかかわらず、フランスのルーアン地方の人々はこの酸っぱいバーベリーの種なし品種を使ったコンフィチュール、マーマレード・デピーヌ・ヴィネットが大好きだ。また、イスラエルのシェフで料理本も出版しているヨタム・オットレンギは、バーベリーをお気に入りの食材のひとつに挙げている。パタゴニアでは、カラファテまたはミチャイとも呼ばれる近縁種がジャムに使われている。イランではまた別の種の *B. integerrima* が人気で、その実を乾燥させたゼレシュクは鶏肉や米料理と一緒に調理される。16世紀にイギリスで出版された『正確で新しい料理書 *A Proper Newe Booke of Cokerye*』(1575年)にも、このベリーを使ったチキンパイなどよく似たレシピが見受けられる。『アメリカの料理法 *American Cookery*』(アメリア・シモンズ著／1796年)をはじめとする初期のアメリカの料理書にも、バーベリーのピクルスやジャムのレシピが多く掲載されている。

シモンズが生きた18世紀の家庭ではほとんど知られていなかったアサイーベリーは、「ベリー」という名はついていても実はアマゾン原産のヤシ科の植物(学名 *Euterpe oleracea*)だ。色は濃い紫で果肉が厚く、苦みの強いチョコレートでくるんだブラックベリーのような味で、スムージーにしたりグラノーラに入れたりして食される。アサイーは最近になって世界で注目されるようになったが、その主たる要因は「アサイーには高い栄養価や美容効果がある」などという根拠のない怪しげな話だ。こうした主張は信用性に欠けるものの、昔からアマゾンの原住民の多くはアサイーを栽培

ブルーハニーサックルの実。ハスカップやハニーベリーとも呼ばれる。

して食べてきたのは事実であり、アサイーが主食の約半分を賄う地域もある。

先住民が重宝していた（だが、一般的にはあまり知られていない）もうひとつのベリー、ハニーベリー（学名 *Lonicera caerulea*）は日本の北海道に住むアイヌ民族の言葉にちなんで「ハスカップ」とも呼ばれる。食用のハニーベリーはニューイングランドの亜高山林や北・東ヨーロッパにも自生しているが、商品化しているのは北海道だけだ。実は濃紺色で、やや細長い。用途はブルーベリーと同じでパイやジャム、ワインに適している。

ロシアがハニーベリーを導入したのは1950年代になってからだが、今もハニーベリーを栽培し、市場に出荷している。アメリカでは、オレゴン州で日本の種子を使用して1990年代に栽培が始まった。フィンランドではシニクーサマ、スウェーデンではブロートリと呼ばれ、現在も保護されている稀少な野生種だ。

　世界の反対側には、ミラクルフルーツ（学名 *Synsepalum dulcificum*）という名の地味な植物がある。見た目はありきたりの赤い実だが、噛むと不思議なことが起こる。1725年、フランスの地図製作者シュヴァリエ・デ・マルシェは、西アフリカのベナンにあるウィダー海岸の地図を作成していた際に、地元の人々が食事の前に噛んでいる赤い実が次に食べるものを甘くする働きを持つことに気がついた。1819年にはこの地に派遣された人物が「この実を噛んだ後にコップ1杯の酢を飲むと甘いワインのような味に、ライムはよく熟した中国のオレンジに似た味になる」と讃美を送っている。[11] 1852年、植物学者W・F・ダニエルは論文「西アフリカの奇跡《ミラクル》のベリー *The Miraculous Berry of Western Africa*」で、現地でアッサルバまたはイアメと呼ばれるこの果実には「甘みを感じさせる作用があり、かなり酸味の強い食べ物でも甘くおいしい味に変わる」と述べている。[12] 普段はビールかヤシ酒で流しこむように食べる現地の醗酵粥やパン粥の酸味も、奇跡《ミラクル》のごとく消えたかに思えたということだ。

　世界中のベリーの生態や需要は、ベリーを楽しむ人々と同じように多種多様だ。そして、人々が生み出したこの小さな果実にまつわる多くの物語や寓話もまた多彩で、さらに味わい深い。

第2章◉物語のなかのベリー

ベリー摘みはヨーロッパ特有の文化において重要な役割を果たしており、当然ながらヨーロッパの神話にも根を下ろしている。昔から迷信、宗教、民間伝承のなかに存在してきたベリーはどれも小ぶりで丸く、色はその物語上でどんな意味を持つかによってさまざまだ。

カレリア［現在のフィンランド南東部からロシア北西部にまたがる地方］とフィンランドの民間伝承と神話をもとに19世紀に編纂された民族叙事詩『カレワラ』には、魔法のリンゴンベリーを食べて処女懐胎した乙女マリヤッタの話がある。魔法を操る英雄ワイナミョイネンは、生まれた子供の頭を樺の木にぶつけて殺すよう命じた。「この赤子は人間の子ではない／産み落とされて飼い葉おけに寝かされ／父親は果実なのだ」[1]。すると、わずか生後2週間の赤ん坊がこのワイナミョイネンの残酷な言葉を咎《とが》め、最終的には洗礼を受けてカレリアの王に指名される。確かにこの幼い王はリンゴンベリーを父に持つのかもしれないが、少なくともエルダーベリーの匂いはしなかった［アーサー王伝説をもとにした1975年の映画『モンティ・パイソン・アンド・ホーリー・グレイル』のなかの「おまえの父親はエルダーベリーのにおいがする（＝酒臭い）」という台詞より」。

●幸運の印

ベリーは子供を宿す不思議な力を持つだけでなく、吉兆や幸運の印と見なされることもある。たとえば、ヒイラギのあざやかな赤い実はずっと昔からクリスマス時期の定番だ。古代ケルト社会の祭司ドルイドはヒイラギの小枝を家に吊《つる》し、冬の間の森の精霊たちの避難場所にしたとされる。また、ローマの異教徒は12月の祝日である農神祭の時期にヒイラギを添えたプレゼントを友人に贈っていた。初期のキリスト教徒は、異教を象徴するヒイラギを冬の間家に飾ることに抵抗を感じていたが、最終的には考え方を変えてこの風習を受け入れた。後に、赤いヒイラギの実は血を連想させ、キリストの苦難を象徴していると言われるようになり、今では家にヒイラギを飾ることはクリスマスの風物詩となっている。

もっとも、最初に赤い実を血と結びつけたのはキリスト教ではない。古代ハワイ人は多くの神々に人間を生け贄として捧げたが、火と火山の女神ペレには人間ではなく「オヘロ」と呼ばれる赤い実（クランベリーの近縁種）を捧げたという。20世紀初頭のイギリスの学者たちは、ヨーロッパのさまざまな地域でローワン、セイヨウヒイラギ、イチイが「その実が赤いことを理由に特別な力を宿すと見なされている。……子供たちは摘んだベリーをお守りとして首に下げている」と記した。[2]

赤い実で作ったお守りは生け贄の血や儀式で流された血を暗示し、女性や子供たちがよく身につけていた。これは、少なくとも西暦1世紀のヨーロッパで女性や子供が頻繁に生け贄として捧げられていたことが由来となっている。

他にも昔からさまざまな色のベリーが、何らかの意味を持つとされてきた。かつてイングランド南西部デボンシャーでは、ブラックベリーは黒ずんだできものを治す効果があり、東から西へ太陽と同じ方向にブラックベリーの茂みを三度くぐるとよいとされていた。また、太平洋岸北西部のグリーンリバー部族（スコパミッシュ）は、スノーベリーが豊作の年にはその実に似た目を持つシロサケも大漁になると信じていた。

ベリーは幸運の印だけでなく、象徴的な食べ物と見なされることもある。エルダーベリーワイン、野生のベリー、ベリーのパイは収穫祭ルーナサの伝統的な食べ物だ。収穫祭は「ビルベリー・サンデー」や「ギュール・オブ・オーガスト」とも呼ばれ、1年を4つの季節に区切って行われるゲール人の祭りのひとつ、また異教徒の8つの祝祭のひとつである。18世紀の記録によると、この祭りにはもともとブルーベリーの近縁種であるビルベリーが使われていたが、現在アメリカ北東部ではブルーベリーが、北西部ではブラックベリーが使われている。

●トゲを持つベリー

トゲを持つベリーの低木が何百種も自生するイギリスやアイルランドには、ブラックベリーにまつわる伝承が多く存在する。アイルランドの伝承に登場するプーカはいたずら好きの妖精だ。ブラックベリーの季節が終わる頃になると実が傷むのはプーカの仕業であり、大人たちは「熟れすぎたブラックベリーを食べちゃだめよ」と子供たちに教えていたという。また、ケルトの伝承ではブラックベリーは不吉な果実で、ふれた者すべてに不幸をもたらすとされていたし、イングランド南部のウェストサセックス州ではかつて10月10日の「聖ミカエル祭」の後にブラックベリーを食べると、年内に食べた当人かその親族が死や災難に見舞われると考えられていた。

言い伝えによれば、大天使ミカエルから天国を追放されたルシファーは、ブラックベリーの茂み（神がモーセの前に現れたとされる伝説の「燃える茂み」もブラックベリーだ）の上に落ちたという。侮辱とともに傷を負ったルシファーは怒りを爆発させ、茂みにつばを吐いてわめき、足を踏み鳴らし、罪のないベリーを呪って滅ぼしてしまった。5世紀には大天使ミカエルの行為を称えてローマに聖堂が建てられ、18世紀まで聖ミカエルの日が祝われていた。

1752年にイギリスがグレゴリオ暦に切り替わるまで「聖ミカエル祭」（別名「悪魔がつばを吐く日」）は10月10日に行われていたが、現在は9月29日になっている。民間伝承では、ブラックベリーは10月10日までに摘まねばならないとされていた（現実的な話をすると、確かにその時期を過ぎるとブラックベリーは傷みが進むか、冬虫夏草《とうちゅうかそう》［キノコ（虫草菌）の一種。冬の間は宿主である昆虫に寄生し、夏になると虫の殻を破って生えてくる］の餌になってしまう）。聖ミカエルの日に作るパイには、この季節の最後に収穫したブラックベリーが使われる。アイルランドではパイの中に指輪などの装身具を隠しておき、指輪を見つけた者は間もなく結婚すると言われている。

民俗学者リチャード・フォークワードは1884年の著書『植物の伝承 *Plant Lore*』のなかで、「ラズベリーの夢は、成功、結婚生活の安泰、恋人の忠誠、外国から届く吉報を暗示している」と書いた。[3] ローマ神話の女神ユーノーとミネルヴァの頬が薔薇色なのはラズベリーを食べたからだとされており、ギリシア神話では、天と地の間に吊されたゆりかごに幼子ゼウスを隠して父親から守った養母の妖精アイダ（またはイーデー）の物語にラズベリーが登場する。大プリニウスがアイダ山――聡明なゼウスの養母の名にちなんでつけられた――にラズベリーの起源があると言及したことから、ラズベリーの学名はラテン語で「アイダの赤い茂み」という意味の「*Rubus idaeus*（ルバス・イダエウス）」とつけられた。

◉おとぎ話

19世紀のフィンランドの童話『木いちごの王さま』［サカリアス・トペリウス原著／岸田衿子著／集英社］では、木いちご（ラズベリー）を洗っていたアイナとリサの姉妹が入れ物の中に虫がいるのを見つけ、姉リサが「殺さずに茂みの安全な場所に逃がしてやりましょう」と提案する。やがて、冬の間の蓄えの分まで全部部食べてしまったふたりは、ふたたび木いちごを摘みに森へ向かう。こうした物語のお決まりとして姉妹は迷子になるのだが、あの小さな虫は実は偉大かつ慈悲深い妖精の王だったので、助けてもらったお礼に大きなかご10個分の木いちごを与えて少女たちを無事家に戻してやる。

古典的なヨーロッパのおとぎ話には、乙女や子供が森にベリーを摘みに行き、だまされたり恐ろしい目に遭ったりする場面がよく登場する。たとえば「ヘンゼルとグレーテル」では、悪い継母が家の手伝いをしなかった罰に子供たちにイチゴを採りに行かせ、あわよくばふたりが森で迷って二度と戻ってこないことを期待する。民俗学者アンドルー・ラングが1904年に収集した物語のひとつ、「よこしまなクズリ」[『アンドルー・ラング世界童話集　第9巻　ちゃいろの童話集』に収録／西村醇子監修／東京創元社]では、クズリ[イタチ科の肉食動物]が若いメス熊にクランベリーを好きなだけあげると言って木から誘い出し、出てきたメス熊の心臓をナイフで突き刺してしまう。

19世紀半ばにアレクサンドル・アファナーシェフによって収集されたロシアのおとぎ話では、物語の展開にベリーが大きな役割を果たすものが多い。「悪い妻」という物語では、ガミガミ屋でうるさい妻に困った夫が、わざと妻がスグリを摘みに行くように仕向け、その茂みの後ろに掘った穴に落とす。また、「雪娘とキツネ」では、ベリーを摘むうちに友だちとはぐれて迷子になった雪娘は最悪の事態を想定して木の上に避難し、意地悪な友だちみんなに見捨てられたと泣き始める。最初にクマとオオカミが通りかかり、そんなところで隠れて泣いていないで下りておいでと声をかけるが、食べられるかもしれないと考えた雪娘はそれを断る。次にやってきたキツネは説得に成功し、木から下りてきた雪娘を家まで送り届ける。雪姫の祖父母はお礼にとキツネに雌鶏を与え、そして……犬をけしかけてキツネを追い払ってしまった。

同じくロシアの民話「魔法のふえ」では、司祭の娘アリョーヌシカがベリー摘みに行きたいと言い出す。母親は弟のイワーヌシカを連れて行くように言い、ベリー摘みを「楽しく」するために、たくさん摘んだほうに赤い室内履きをあげると伝える。アリョーヌシカは室内履きを欲しいと思いながらも摘んだ端からベリーを食べ続け、真面目なイワーヌシカは摘んだベリーをかごに入れ続けた。一日が終わり、アリョーヌシカのかごにはひとつもベリーがなく、弟のかごにはいっぱいになっている。ねたましく思ったアリョーヌシカは室内履きほしさにイワーヌシカの喉を切り裂いて殺す。そして死体を土に埋め、彼のベリーを持って家に帰る（この延々と続くまわりくどい物語は、イワーヌシカの言葉を伝える魔法のアシ笛によって恐ろしい罪が暴かれ、アリョーヌシカが家から追い出されるところで終わる）。

グリム兄弟が収集したドイツの物語「三人姉妹」では、美しい末娘マリーが王子の目に留まる。嫉妬深い姉たちは召使をつけてマリーをイチゴ摘みに行かせるが、召使（当然変装した魔女）はひとりでこっそりと家に戻り、森に置き去りにされたマリーは死んでしまう。

もちろん、ときにはベリーそのものが物語の中心になることもある。19世紀のアイルランドの童話「ドゥロスの妖精の木」では、妖精の国に生るローワンに似た赤い実が妖精たちの大好物だ。妖精の国のベリーはこの世のどんな果実よりも甘く、腰の曲がった白髪の老人を昔の若く元気な姿に、そして皺だらけの老婆をはつらつとした美女に戻す。そして、不器量な乙女がその実を食べると、美しい花よりもさらに美しくなるという。[4]

ロシアの民話「魔法のふえ」の1900年代の本の挿絵。アリョーヌシカは母親の言いつけで弟のイワーヌシカを連れてベリー摘みに出かける。でも、家に戻れたのはひとりだけだった。

妖精たちはこの魔法のベリーを貪欲な人間に知られてはならないと考え、妖精の世界のものをドゥロスの森に絶対に持ちこまないと妖精の王に約束する（お決まりの展開として、ひとりの妖精が誤ってこの掟を破り、恐ろしい事件が起きる。巨人や人間の言葉を話すコマドリ、命を狙われる子供たちが登場して話は進み、最後はめでたしめでたしで終わる）。

物語性のある現代のコンピューターゲームなども、魔法のベリーが出てくる民話や伝説を下敷きにしている。ロングヒットとなったファンタジーロールプレイングゲーム「ダンジョンズ＆ドラゴンズ５」（２０１４年発売）では、ドルイドのキャラクターが「グッドベリー」という呪文を唱えると、普通のベリーに魔法の力が加わる。このベリー１個で１日分の食事に相当し、ダメージも１ポイント回復するのだ。これは、魔法の木から採れたベリー３つを食べると若返り、ひとつのベリーは９回分の食事に相当するという古代ケルト人の数秘術に由来している。

●魔女とベリー

中世および近世ヨーロッパでは古代の物語をキリスト教にまつわる話に翻案したものが多く読まれており、植物にまつわる伝承を下敷きにしたものも多かった。魔女はどの植物を使うかによって良い魔女にも悪い魔女にもなったが、中世後期以降のキリスト教徒は、たとえ人間を助ける「白い」魔女であっても異端者と見なした。魔女が薬草で病気を治してくれたとしても関係ない。近世において、聡明な女性は最も恐れるべき存在だったのだ。

フランシスコ・デ・ゴヤの版画集『ロス・カプリチョス』（1799年）より、ほうきに乗ったふたりの魔女の絵。ナス科の有毒植物は精神作用効果をもたらし、摂取するとほうきで空を飛ぶような感覚に陥ることがあった。

魔女は恐れられ、毒を盛ると非難されていたが、魔女と呼ばれた人々の大半は単に幻覚作用のあるベリーをおもしろがって使っていただけだ。14世紀に行われた魔女裁判では、アイルランドのアリス・キテラがベリーを配合した軟膏を使ってほうきで空を飛んだと糾弾された。現在、彼女は魔女裁判にかけられて有罪になった最初の女性とされている。数世紀後、魔女が空を飛ぶのに使うとされる軟膏にはよくベラドンナなど有毒なナス科の果実が含まれていた――煤、コウモリの血、赤ん坊の脂肪が用いられることもあった――が、空を飛ぶ感覚というのは有毒な植物による精神的作用が影響したと考えられる。ゲッティンゲン大学の民俗学者ヴィル＝エーリヒ・ポイカートは１９６０年のインタビューで、16世紀に出版された『マティツァ・ナチュリス *Matica naturis*』に紹介されていた作り方で、友人数名と空飛ぶ軟膏を作ったことがあると明かしている（赤ん坊の脂肪は豚肉のラードで代用した）。彼らは20時間意識を失い、全員が同じような恐ろしい悪夢を見たという。

同じくナス科のマンドレイクも魔女御用達の植物だ。マンドレイクの実は眠気と性的興奮を同時に引き起こすと言われている。同様に、ナス科植物の軽い中毒によって人は深い眠りに落ち、しかもその間生々しい性的な夢を見ると言われている。魔女が夢魔インキュバスやサキュバスと性的な関係を持ったとする物語は、こうしたベリーの存在により生まれたのだろう。

ハーブ研究家モード・グリーブの著書『現代のハーブ *A Modern Herbal*』（１９３１年）によると、ナス科の有毒植物は「悪魔のハーブだ。悪魔は毎日時間を見つけてこのハーブの手入れをしている。

マンドレイク、1390年頃の薬草に関する写本より。マンドレイクの実は魔女の強力な武器で、深い眠りに誘（いざな）うと同時に性的興奮を引き起こす。

例外は一年のうち一日、ヴァルプルギスの夜［古代ケルトでは5月1日に春の祭りがあり、その前夜であるヴァルプルギスの夜には魔女の集会があるとされていた］だけだ。この日だけは、悪魔は魔女の集会の準備をしなければならない」[5]。やはりナス科のベラドンナは「美女」という意味だが、これはこの植物に「見つめるのも危険なほど壮絶な美女」の魔法使いの霊が宿っているという古い迷信から名づけられた[6]。別の説もあり、イタリアの女性がベラドンナの抽出物を目にさして瞳孔を拡大させ、色っぽさを演出しようとしたことに由来するとも言われている。

アフリカやインドの司祭は、神明《しんめい》裁判［神の奇跡をたよりに真実を知る裁判方法］にベリーを用いることもあった。19世紀のシエラレオネの人類学者らは、神明裁判のなかにはキリスト教以前のユダヤで行われていた「呪いの水の裁き」と強い類似性を持つものもあったと述べている。姦通を疑われた女性は有毒のベリー（バイカウツギやペルシアハシドイの実など）を煎じた赤い液体を与えられ、「有罪であれば私に毒を盛ってください」と唱えながら飲む。たとえ無実であってもその毒で死ぬ可能性はある。不倫を告発されることは、死刑の宣告にも等しかったのだ。

●死と破滅のきざし

死や凶兆の象徴と見なされていたベリーもある。ナス科の植物は死のハーブと呼ばれることもあったが、これはこのハーブの実が死のように深い眠りをもたらすと考えられていたためだ。ナス科の植物は昔、オランダ語で催眠状態や深い眠りを表す dvale に由来して「dwale（ドウエイル）」と呼ばれていた。また、かつては村の墓地で棺を埋めたばかりの場所にブラックベリーを植え、その蔓で墓石が倒れるのを防いだことから、ブラックベリーと死を結びつける考え方もある。17世紀のイングランドの牧師ジェレミー・テイラーは、「夏に芝は青々と茂り、ブラックベリーの蔓は墓石に巻きつく」と書いている。[7]

『植物の伝承』のなかでリチャード・フォルカードは、「ブラックベリーの木々の間を歩く夢は災いの前兆」だと警告している[8]「夢のなかでそのトゲに刺されたら、目に見えない敵が友人だと思っていた者と一緒に危害を加えることを意味する。傷口から血が流れたら、何かの取り引きで大損害を被る」[9]。さらに、もし無傷で木々の間を抜けることができれば敵に打ち勝つことができるそうだ。

ドイツの伝説ではイチゴは死んだ子供の象徴だ。同様に、子供を亡くした母親が聖ヨハネの前夜祭の日（6月23日前後に行われる）にイチゴを食べると、正義の象徴であるイチゴを捧げられる権利を持つ聖母マリアは、その母親の子供の魂を天国から追放する。[10] 古いイギリスのバラッド（物語詩）「森の赤ん坊たち」には、数羽のコマツグミがふたりの子供の遺体をイチゴの葉の下に隠す場面がある。

ふたりの子供が死ぬと
胸の赤いコマツグミらが
イチゴの葉を運び

IN ONE ANOTHER'S ARMS THEY DYED.

「森の赤ん坊たち」という物語詩にはさまざまな種類があり、いずれもベリーの茂みや葉の下で死んでいる子供の姿が描かれている。ランドルフ・コールデコットの1887年の挿絵では、子供たちはブラックベリーの茂みの下に横たわっている。

それでふたりの体を覆った[11]

◉エルダーベリー――おとぎ話

ロマ人はエルダーベリーを「悪魔の目（yakori bengeskro）」と呼び、ドイツの民間伝承ではエルダーベリーを魔術に用いていた。かつてイングランドではエルダーベリーの木は縁起が悪いとされていたし、デンマークではエルダーベリーの木で作ったゆりかごは赤ん坊に災いをもたらすと信じられていた。逆に、チェコやスロバキアに住むユダヤ人は、墓に植えられたエルダーベリーの小枝に芽がつくと、それは故人の魂が幸福である証しだと考えていた。エルダーベリーは昔から魔術や民間伝承によく登場し、邪悪な力が宿るという恐ろしい言い伝えがあると同時に、人々に恵みをもたらす魔力を持つ植物として描かれていることも多い。

エルダーは異教徒の間で「デイム・エルダー」「ヒルデ・モア（デンマーク語で「エルダーマザー」の意）」「オールド・レディ」「フラウ・ホレ」「フラウ・ホルダ」などのさまざまな名で呼ばれていた。イギリスやスカンジナビア諸国の物語ではエルダーマザーは守護神であり、かつてはエルダーの木を切り倒すことは不吉だとされていた。木を切る前には「畏れ多き女神よ、どうぞあなたの木を少しばかり分けてください。その木から大木が育ったら、必ず一部をお返しします」と唱えなければならない。さもなければ激怒したエルダーマザーに復讐されてしまう[12]。古代ゲルマンの民間伝承では、ホルダは女神ペルヒタと同じく二面性を持つ女神とされた。命を落とした赤ん坊が送られる暗黒の世界を支配する老婆であり、冬に寝具を揺らして雪を降らせる美しい女神でもある。

エルダーはドイツの民話から派生したアメリカの伝承でも大きな役割を果たしている。その一例が、ペンシルベニア・ドイツ人［17世紀から18世紀にかけてドイツ語圏からアメリカ合衆国に移住した人々の子孫］が行っていたアメリカの土着の呪術パウワウ（ペンシルベニア・ドイツ語では「ブラウヘライ Braucherei」）だ。パウワウはキリスト教以前のドイツの迷信に由来しており、この宗教色の強い呪術を用いた民間療法に古い異教信仰の一端を垣間見ることができる。パウワウの民間療法においては、エルダーベリーの木が不思議な力を宿すとする古代からの信仰と、このベリーで作ったシロップには実際に鎮静効果があるという実証に基づいてエルダーが使用されていた。

魔術崇拝者たちは、エルダーベリーによって姿が透明になり、予知能力が備わり、狂犬病の傷が治り、永遠の若さが与えられると信じている。エルダーベリーのワインを飲むと妖精界に招かれ、エルダーベリーで焚き火をすると妖精たちが集まってくるという。

●ローワン――若返りの木

北欧神話の雷神トールは、霜の巨人族の国ヨトゥンヘイムを訪れた際にヴィムル川を渡る。そこでは巨人の娘ギャールプが川をまたいで用を足しており、それが原因で川は増水し、激しく波打っていた。トールが川岸に生えていたローワンの木をつかんで岸に上がったことからローワンは「トールの救い」と呼ばれるようになった。アイスランドの「グレティルのサガ」（中世スカンジナビア

1900年代の本の挿絵より、ヴィムル川を渡ろうとした雷神トールがローワンの枝をつかんでいる。この木は「トールの救い」として知られている。

の叙事詩）では、ローワンは「トールを救う」という意味のフォルビョルグ（þórbjǫrg）という名前で呼ばれている。

ルーンの木とも呼ばれるローワンは北欧神話によく登場する。北欧とゲール人［北西ヨーロッパに住む人々の祖先であるケルト系民族］の伝説でも重要な役割を持ち、両民族の歴史と神話の融合を表していた。ローワンの木は特に魔女や悪意を持つ者の影響から身を守るとされ、スコットランドではお守りにも使われていた。

アイルランド神話の不思議な力を持つ戦士、ダーナ神族は死んで間もない人間が吸血鬼としてよみがえるのを恐れ、ローワンの木で作った釘を死者に打ちこんだという。民話「ドゥロスの妖精の木」にも影響を与えたと言われるケルト神話「ディルムッドとグラーニア」には、魔法の実が生る「ダブロスの若返りの木」が出てくる。「どの実もワインのごとく豊潤で、年代もののハチミツ酒のごとく濃厚だ。その実を3つ食べた者は、たとえ100歳の老人でも30歳の若者に戻る」[13]。この魔法の実を守っていたのはシャーヴァンという獰猛《ねいもう》な巨人で、フィアナ騎士団の面々ですら近くで狩りをするのをためらうほどだった。妻グラーニアに忠実なディルムッド・オディナは、妊娠中のグラーニアがこの魔法の実を食べたいと言ってきかなかったため、シャーヴァンが持っていたこん棒を奪い取って彼を殴り殺す。

◉マルベリーよもやま話

人間が食べる果実というより、その葉が絹を産生するカイコの餌になることから、マルベリー、別名クワの木は古代中国の神話によく登場する。マルベリーの木は中国の太陽神話では「扶桑《ふそう》」という世界樹［さまざまな宗教や神話において、世界が一本の大樹で成り立っているという概念］として描かれ、日の出日の入りを司るとされた。思想書「淮南子《えなんじ》」（紀元前2世紀頃）によると、人間が神々とふれあい、生け贄を捧げ、雨乞いをする場所はすべて扶桑の森の中だったとされる。天子（中国の皇帝）は林業に携わる者に例外なく扶桑の伐採を禁じていた。

他にも歴史と神話が混在する物語の数々から、マルベリーがいかに大切な存在だったかが見てとれる。母親が空桑《くうそう》［葉をつけない桑］の木と化し、その中で生まれたとされる伊尹《いいん》は、古代中国の書物に登場する英雄だ。殷《いん》朝の初代王、天乙《てんいつ》の料理人となり、神々から料理道具を授かって強大な力を身につけたとされる。

ニコラ・プッサンの『ピュラモスとティスベのいる嵐の風景』（1651年）。油彩、キャンバス画。

伊尹は実際には紀元前14世紀に生きていた人物で、幼い頃親に捨てられたことがわかっている。彼の物語は、貧しい生まれの人物がその行いと能力によって高い地位に上りつめるという立身出世話だ。空桑は彼の低い出自を象徴している。

日本でもクワの木には神聖な力が宿り、この木には雷が落ちないとされている。西洋には「不幸を避ける」「幸運を祈る」という意味の「木を叩く（knock on wood）」という言いまわしがあるが、前者の意味は日本では「くわばらくわばら」に相当する。また、雷雨の際にはこの言葉を唱え、クワの木があると雷神に勘違いさせるという。

帝政ローマ時代最初期の詩人オウィディウスは「変身物語」のなかで、マルベリーの実の紫色は不運な恋人たちの血の色だと書いている。

ピュラモスとティスベは家族から結婚を反対され、ニネヴェの建設者とされるニノスの墓所に近いマルベリーの木の下で待ち合わせをする。先に到着したティスベはライオンに襲われるが、命からがら逃げ出した。遅れてやってきたピュラモスは、地面のライオンの足跡とティスベのドレスの切れ端を見つける。取り乱したピュラモスは自らの剣で命を絶ち、その血は地面に落ちていた白いマルベリーの実を染めた。身を隠していたティスベがもう大丈夫だろうと戻ってみると、愛するピュラモスが血を流して倒れている。ティスベは悲しみのあまり泣き叫び、恋人の剣を拾い上げて自分の心臓を突き刺した。その血はピュラモスの血が染みこんだマルベリーの実を濡らし、それ以後この実は白ではなく紫色になったという(偶然にも、マルベリーのラテン語名 morus はギリシア語の moron からの借用語で、「愚かな」という意味がある。ピュラモスのように早合点する人物を指してつけられたのかもしれない)。

●アメリカ先住民の民話

かつて植物の採取は女性の仕事とされていたが、ベリー摘みはその最たるものだ。アメリカ先住民の神話にも、西洋のおとぎ話と同様に女性がひとりで森の中にいることの理由づけとしてベリー摘みの場面が用意されている。太平洋岸北西部の創世神話「雷鳥の起源」では、クーツ・フーイという女の巨人がベリー摘みの途中で卵がぎっしり並んだ雷鳥の巣に出くわす。そのひとつを転がしながら山を下りると、その卵がやがて人間になった。クーツ・フーイは残りの卵も同じように転がし、その卵から生まれた人間たちはチェハリス族と呼ばれるようになったという。この地域の先住民に伝わる別の神話には、ギンギツネとコヨーテの神々がサービスベリーの木を削って人類を創り出したとするものもある。

カナダのブリティッシュコロンビア州に住むコーストサリッシュ族の伝説では、1羽のアオカケスが黄泉《よみ》の国の幽霊たちと賭けをする。その結果手に入れたかごには、山盛りのベリーの代わりに興奮した大量のハチが入っていた。

オレゴン州北西部のクラカマス・チヌーク族は、代々ベリーの季節の到来とともに物語を語り継いできた。コヨーテの神がベリーの茂みの前を通ると、どのベリーも「コヨーテ、お前をトゲで刺してやるぞ!」と挑んでくる。コヨーテは全種類のベリーを摘み取って食べ、人間が食べていいかどうかを決めるという。アメリカの他の地域にも同じような神話があり、ベリーは夏の到来を告げる果実として描かれている。太平洋岸北西部の人々とベリーをはじめとする食用植物との関係についての研究は、他のアメリカ部族を研究している民族学者のものと一致している。ベリーは神々からの神聖な贈り物と考えられており、この贈り物への感謝を忘れなければ死後の世界で幸せになれるのだ。

アメリカ北東部のセネカ族はイチゴを春と再生の前ぶれと見なして敬い、同じく南東部のチェロキー族には人類最初の男がイチゴを利用して妻と仲直りをするという神話がある。神が女を創造して間もなく夫婦は口論となり、女は我慢できずに男のもとを去る。思い悩む男を気の毒に思った太陽の女神ウネラヌヒは手を貸すことにした。まず女の通り道にハックルベリーの木を用意したが、女は見向きもせずに通りすぎてしまった。ウネラヌヒは他のベリーの茂みも次々と作ってみたが、女は足を止めることなく歩き去った。ところが、最後に現れたイチゴの茂みを見ると女は足を止め、実を摘んでおいしそうに食べた。イチゴを食べるうちに男への愛情がふたたび湧き出し、女はひと握りのイチゴを摘んで男のもとに戻り、ふたりは幸せに暮らしたという。現在もイチゴは女性の官能的な快楽の象徴となっている。

カナダのスペリオル湖地方とアメリカに住む先住民オジブワ族には、アッシュベリーの物語がある。伝説によると、狩猟に出たもののなかなか獲物を見つけられずにいた男たちは、鳥や小さな哺乳動物の死骸がたくさん雪の中に横たわっているのを発見した。自分たちも同じ目に遭ってはかなわないと、彼らは偉大なる精霊マニトゥに祈りを捧げることにする。祈りを聞いたマニトゥは男たちに、死んだ鳥や動物から血を一滴ずつ取り、人々が生きるうえで最も重要な木にその血をすりこむよう告げる。彼らが選んだ木とは、弓と矢の材料となるマウンテンアッシュだった。翌朝、血をすりこんだ木はすべて実をつけ、小動物たちが木に集まって実を食べていた（物語ではふれられていないが、おそらく男たちはその動物を捕まえ、村の人々にベリーではなく肉を持ち帰ったのだろう）。男たちはよろこびの踊りを踊って感謝の意を表し、マニトゥは厳しい冬にはこの木が必ず実をつけることを約束したという。

オジブワ族と非常に近い地域に住んでいたクリー族は、すべての儀式においてベリーを食べていた。たとえば、クマの精霊に捧げる儀式では聖なる薬の束（象徴的な品を布や皮に巻いたもの）に力を吹きこみ、儀式の最後にベリーを食べることでその力が動き出すとされていた。また、クマ狩りで獲物を仕留めた後などにクマの精霊に敬意を表して祭壇が作られ、ベリーが入った鉢をいくつも供えた。ある物語では、ベリーの実が熟すとある大きな事件が起こる。クマの精霊と、彼の巧妙かつ大胆不敵な敵であるブタの精霊の対決だ。

何千年もの間、人々はベリーを伝統的な信仰と結びつけ、霊的な儀式にまでベリーを取り入れてきた。野生のベリーを摘んで食べるという行為は、世界の多くの国で独自の文化を支えてきたのである。ある意味で、自然という神殿でベリーを楽しむことは、万人に与えられた権利だとも言える。

第3章◉ベリーの栽培と採取

人間が栽培するすべての植物性食物のなかでも、特にベリー類はいつの世も田舎の人々に親しまれてきた。野生種のベリーは栽培種と同じくらい人気がある。「野生のベリーの多くは、かつて人間が栽培していたものである」と1880年にあるアメリカの園芸家の指摘は指摘している。「手間をかけて栽培するだけの価値があると栽培者が考える果樹は限られているのだ」[1]。ブラックベリーの育種家は、新しくて、大きくて、みずみずしい品種を開発しようと日々努力しているが、いまだに野生種が世界の収穫高の大部分を占めている。収穫高は約1万5000トン（2005年）。人間は食べるのと同じくらいベリーを摘むのが好きらしい。

新しい土地にたどり着いた遊牧民の多くはまずベリー類を食べて命をつないできた。実は有毒のものも多いのだが、ベリー類は見た目で「食べてよい植物」だとはっきりわかるからだ。かつて南アフリカを植民地にしたオランダ人は、植えた作物が育つまではベリーを食べて飢えをしのいでい

アラスカにあるインノコ国定野生保護区に自生するベリーの数々。

た。また、その地域の先住民であるコイサン族とヘレロ族は、茂みに生るベリーを摘んで食べることで、猟で仕留めた獣や鳥の肉が中心の食生活のバランスを取っていた。

◉オセアニア地域

オセアニア（タスマニアを含むオーストラリア、ニュージーランド、ポリネシア、ミクロネシア）の人々は、それぞれの歴史を通じてさまざまなベリーを利用してきた。19世紀の植物学者ジョセフ・フッカーは、タスマニア島の植物は「食用にはなる」が、決して「食べるのに適してはいない」と書いた。[2] それ以前のヨーロッパの探検家たちも同様の結論に達し、アップルベリーは「あの国でほぼ唯一、食用に堪えうる野生の果実」だという見解を残している。[3] 地元の住民の意見はこれとは異なり、彼らは多くのベリーを食生活に取り入れていた。後のオーストラ

オーストラリア先住民にとってアップルベリーは重要な「ブッシュ・タッカー」だ。

リアの植物学者たちも、ベリーのなかには非常においしいものもあると述べている。

オーストラリアは赤い砂漠とユーカリの木が生い茂る乾燥した土地だと思われがちだが、実は多くのベリー類が育っている。伝統的なアボリジニの食生活には野生のケープグースベリー（別名グラウンドチェリー）、インディアン・マルベリー（一部のポリネシア文化圏では非常食と見なされている）、リベリー（別名リリー・ピリー）、アップルベリー、在来種のクランベリー（学名 *Astroloma humifusum*、*Vaccinium* 属の近縁種）、さまざまなキイチゴ種が取り入れられてきた。いわゆる「ブッシュ・タッカー」（アボリジニに伝統的に利用されてきたオーストラリア原産の動植物）は、今ではオセアニア各地で人気が急上昇している。ヨーロッパや北アメリカの高級レストランで野生の食材が人気を集めているのと同じ現象だ。

◉アメリカ先住民

春のイチゴから夏の終わりのハックルベリーまで、アメリカ先住民は新鮮なビタミンの供給源として、冬の非常食として、ベリーを重宝してきた。また、ベリーは春から夏の期間を示す、自然のカレンダーのような役割も果たしていた。

食材のなかには先住民以外は受けつけないものもあるが、野生のベリー類はヨーロッパ系アメリカ人も好んで食べた。1885年、歴史家のハーバート・ラングは、「最も一般的なのはブラックベリー、イチゴ、ハックルベリー、サーモンベリー、サラル、オレゴン・グレープ、スクウォーベリーなどである」と記している。ただし、先住民にとってベリーは夏のお楽しみ以上の意味を持っていた。[4]

夏の終わりになると北アメリカの先住民の女性は一斉にベリーを採取し、最盛期には新鮮なベリーを摘んで食べるだけでなく乾燥させて保存食を作った。ハックルベリーの季節は、山間部では釣りや狩猟の季節が始まる前の祝日と見なされ、この期間はどの家庭も一家総出でベリーを摘まなくてはならなかった。探検家サミュエル・ド・シャンプランは1615年、現在のカナダのオンタリオ州東部に住むアルゴンキン族の女性がハックルベリーを摘み、冬に備えて乾燥させていることに気がついた。新鮮なベリーはレーズンと同じ手順で乾燥させるだけでもいいし、油脂と混ぜて固め、1個あたり4～7キログラムのケーキに似た塊を作ることもできる。また、乾燥ベリーを燻製肉

バッファローベリーを摘み取る、北アメリカのマンダン族の女性たち。1908年頃。

や魚、牛や羊の脂身（スエット）などと混ぜて、旅行用に携帯する食料「ペカミン」としても利用した。

太平洋岸北西部で行われる初収穫の祭りはベリーの季節が始まる時期に行われ、人々は祝宴を開いてベリーの恵みに感謝した。この祭りの前にベリーを摘むことは許されない。また、一家の娘が初めてベリー摘みをした年にも祝宴が開かれ、その家族の働き手として一人前になったことを祝った。これは若い女性が必ず経験する重要な儀式だ（ただし、生理中の女性はベリーを摘むことはできなかった）。また、太平洋岸北西部ではクマノミとベイスギの樹皮で編んだクリキタット風「アメリカ先住民の部族の名による」のかご、グレート・プレーンズではシラカバの樹皮で編んだ円筒形のかごなど、ベリー専用の入れ物も作られていた。

太平洋岸北西部の人々にとってベリーは非常に重要であり、一年に一度開催されるもうひとつの神聖な儀式「初鮭祭《はつざけ》」にも欠かせないものだった。この儀式では、サケ漁が本格的に始まる前に、最初に獲れたサケの口にサーモンベリーを詰める。その後、このみずみずしいオレンジ色のサーモンベリーは儀式に参加した人々に振る舞われる。ただし、うっすらと生えた産毛を取るのにみんな苦労したようだ。19世紀、ここにキャンプをしたある人物は、「この毛がなければベリーのなかでも最高の味なのに」と残念がっている。[5]

第二次世界大戦前、太平洋岸北西部の先住民や白人は、自宅用あるいは仕事として大人数でハックルベリーを摘み取っていた。だが、ベリーをその場で乾燥させずに缶詰にする白人のやり方が徐々に浸透するにつれ、アメリカ先住民の社会的伝統であった公有地でのベリー摘みは衰退していった。[6]

●サーミ族

長い間、リンゴンベリー、ビルベリー、キイチゴ種のいくつかはサーミの土地にすむ先住民であるフィン・ウゴル人（ラップランド人とも呼ばれる）、いわゆるサーミ族の主食だった。北極圏では野菜が一般的に不足するため、ベリー類を食べることで魚やトナカイの肉が中心の食生活にミネラル分を補うことができる。彼らの食生活は、アメリカ北部の先住民のそれに驚くほど似通っている。

植物学者カール・フォン・リンネはこの地域を訪れた際、サーミの人々が甘いケーキよりもトナカイの乳とクラウドベリーを好むことに驚きを覚えた。ブラックベリーの一種で、小さなオレンジ色の実をつけるクラウドベリーは、ノルウェーでは「ムルタ multe」、フィンランドでは「ラッカ lakka」と呼ばれる。クラウドベリーは伝統的な食べ物として特に文化的な意味を持ち、2ユーロ硬貨にも描かれている。

●楽しいベリー摘み

家族の保存食用にベリーを摘むだけでなく、余ったベリーを売ったり他の商品と交換したりして家計の足しにする人々もいた。アメリカの詩人、ロバート・フロストは、子供の頃おじやおばと野

アラスカのノームでベリーを摘むエスキモーの子供たち。1900年代初頭。

生のベリー摘みをした楽しい思い出を「ブルーベリー」という詩（1915年）にしたためている。

ヨーロッパの外では、イギリス発祥である娯楽としてのキャンプが普及し始めた19世紀後半にキャンパーたちが書いた文章から、ベリー摘みのようすを知ることができる。これは、オレゴン街道を通ってアメリカ西部に向かった開拓民たちが、太平洋岸地域に野生のベリーの魅力を広めたほんの数十年後のことだ。彼らは道中で摘んだベリー類を食事の足しにし、ときにはパイを作って過酷な旅の疲れを癒やした。ベリー摘みは、ほこりだらけの道を延々と旅する彼らにとって、つかの間の息抜きだったのだ。

大西洋の反対側でも、人々は同じくベ

リー摘みに夢中だった。イギリスの作家チャールズ・ディケンズも、ベリー摘みに出かけたことを懐かしむ文章を残している。

自然は、あの荒涼とした国のそこかしこになんと豊かな実をもたらしたことか！　見渡す限り熟した赤いラズベリーがたわわに茂り、葉はほとんど見えないほどだ。80センチ足らずの低木の茂みひとつから1キロ近くは収穫できる。いや、座って手の届く範囲からだけでも、たわわに生る実で手桶をいっぱいにできるだろう。実際、連れの多くはそうやって、子供のように「お口にふたつ、かごにはひとつ」ベリーを摘んだ。しかも、味は最高だ。庭で栽培したラズベリーよりも小ぶりだが、味はこちらのほうが格段上だった。[7]

その後、ディケンズの一行は野生のスグリ、チェリー、プラムも摘んだ。「だが、野生のベリーのなかで、ラズベリーに適うものはない」[8]。

◉散策する権利（自然享受権）

前章で述べたように、日本に住むアイヌの先住民は古くからハスカップ（ハニーベリー）を収穫してきた。このことは、日本の食文化の重要な要素である春の山菜採りや旬の食材を食べるという慣習に関係している。一般的に、その自治体に住んでいない者が許可なしに山菜を採取することは禁じられているが、本当に罰を受けることはほとんどない。つまり、森を散策して野生のラズベリーを摘んでも咎められることは、ほぼない。

北欧（特にスカンジナビア諸国やバルト諸国）には「自然享受権」という法律があり、森林や沼地などを自由に歩き、ベリー類を摘むことが認められている。明らかに誰かが所有する耕作地でなければ、この法律を有する国でベリーやその他の林産物を採取することは自由だ。人々は家族で森に出かけてベリーを摘み、新鮮な空気を楽しんでいる。フィンランドでは法律の対象となる範囲が最も広く、その土地とそこに住む人々に敬意を持って行動するという条件つきで、フィンランド国民以外の一時的な滞在者もほぼ同じ権利を享受することができる。フィンランド、スウェーデン、ノルウェー、アイスランド、エストニア、リトアニア、ラトビアでは、人が住む家屋のすぐそばに長々と居座るなどのマナー違反を防ぐためにいくつか例外はあるが、基本的にハイキング、スキー、一泊のキャンプのために森や山を訪れ、花、キノコ類、ベリーを自由に摘む権利は保証されている。スコットランド人は何世紀も前から、草原を散策したりビルベリー（ブルーベリーの一種）を探したりする権利が与えられている。

だが、フィンランド人が享受しているベリー摘みの自由に問題がないわけではない。おもな欠点は、日本、中国、韓国で北欧の野生のビルベリー、リンゴンベリー、クラウドベリーの人気が高まったことに便乗し、採取の自由を認めた法を悪用した青果企業が現れたことだ。東南アジアの夏のモンスーン期（北欧のベリーの最盛期と重なる）には、タイから何千人もの季節労働者がスウェーデ

クラウドベリーは、スカンジナビアの人々にとって重要な文化的意味を持つ。

ンやフィンランドの北方林にやってきては野生のベリーを採取していく。企業はかなりの利益を得ることになるだろうが、地元の人々は必ずしもその恩恵にあずかるわけではない。

フィンランドとは異なり、ノルウェーではサーミ族の重要な食文化の一部であるクラウドベリーが保護されているが、野原に実るベリーは誰でも食べることが許されている（かこってあるフェンスを飛び越えない限り）。また、地元住人は他人の耕作地に入りこまないこと、まだ熟していないベリーは後の人のために残しておくこと、耕作地までは歩いて行くこと――オートバイや自転車は不可――などのマナーさえ守れば、誰でもベリー摘みをすることができる。あるブロガーはクラウドベリー摘みについて、こうしたマナーを無視したらどうなるかについて考察している。

ペルー原産のケープグースベリー（別名ゴールデンベリー）は雑草化するほど丈夫で、何世紀もの間農薬や肥料を使用せずに栽培されてきた。

「マナー違反者はノルウェー人が知る唯一の方法で扱われる」[9]。カナダのテレビドラマ『ヴァイキング――海の覇者たち』を見たことがある人なら、この意味がわかるだろう。

●栽培、栽培化、品種改良

野生から栽培種へと変化するベリーもある。ペルーの森林などで子供たちが食べながら摘むゴールデンベリー（ケープグースベリーまたはグラウンドチェリーとも呼ばれる）もそのひとつだ。この植物はアンデスの高山地帯に自生し、荒れた貧土でも育つことで知られている。南アメリカ以外の地域で市場や直売所に出まわるようになったのはごく最近のことで、今でもまだ貴重なベリーの部類に入る。

ゴールデンベリーのような半野生の植物を計画的に栽培種へと移行することは容易だが、人間に

オレゴンの農場で栽培されているさまざまなケインベリー

とってよほど特別な意味を持たない限り、現在わざわざその手間をかけることはほとんどない。何世紀にもわたって、ベリーは栽培されたとしても地産地消のみを目的としてきた。

◉初期の栽培化と品種改良

ヨーロッパのベリー消費国の人々が野生のベリーで食欲を満たしているのに対し、アメリカは品種改良の分野において圧倒的な存在感を示している。オレゴン州は100年以上にわたってケインベリーの育種を牽引してきた。そのおもな理由は、オレゴン州には多種多様なブラックベリーが自生しており、ケインベリーの育種に必要な生殖細胞質を問題なく採取することができるためだ。ドイツの動物学者ハーバート・ラングは1885年にこのように——少々大げさな気もするが——書いている。「旅行者や植物学者の証言によれば、現在地図に示されている国や地域のなかでオレゴンほど野生のベリーが豊かな土地はないことは確かだ」[10]。

オレゴン州の森や平原には18種類以上の食用ベリーが自生し、中には栽培種と同等の風味を持つものもある。量も豊富で、大きく、味もいいが、そのことはほぼ知られていないか、知っていてもあまり興味を持たれていない[11]。

この文章が書かれた当時はそうだったかもしれないが、現在野生のブルーベリーの宝庫とも言えるメイン州の人々にとっては、聞き捨てならない言葉だろう。

アメリカでは19世紀初頭にヨーロッパのベリーが商品として栽培されるようになったが、間もなくブラックベリーやイチゴなどの品種は野生のものに比べて味が劣るという苦情が噴出した。野生種のベリーは栽培種のものほど大きくもなければ汁気も多くないが、味に関しては栽培種を上まわるものが多い。１８８４年にカナダのある園芸家は、「〝大きなベリー〟については、特に驚くべきことも言うべきこともない」と書き記している[12]。少なくともベリーに関しては、大きさはあまり問題ではないようだ。

世界中のあらゆるベリー類のなかで現在栽培されているものはイチゴ、ケインベリー、ブルーベリーなどであり、数としては比較的少なく、ハックルベリーは栽培するのが難しいことで有名だ。架空の世界の野生児ハックルベリー・フィンや珍犬ハックル［１９５８年から１９６１年までアメリカで放映された同名のテレビアニメの主人公。原題は「ハックルベリー・ハウンド」」という名は、栽培するより田舎の土地のほうがよく育つというこのベリーの特質にちなんでつけられたのだろう。

大プリニウスは、ベリー類についてはあまり言及していない。薬草としての用途に関する記述はたまに見られるが、農作物ではなかったため、古代ギリシアの植物学者たちの大半はベリーの存在を見すごしてきた。だが、14世紀になると事情は一変する。フランス人は森に自生するイチゴを自分の家の庭に移植するようになり、自宅でイチゴ摘みを楽しむようになった。

小さな丸いベリーは味も見た目もよく、中世の修道士たちは彩色写本にイチゴの実を描くようになった。植物学者ジョージ・ダロウは、イチゴに関する１９６６年の研究論文にこう書いている。「イチゴの実は写本の扉絵のように全体に描かれることもあれば、聖母マリアの足もとや幼子《おさなご》イエスの手の中など、重要な場所に配されることもある」[13]。14世紀のフランス国王シャルル５世は細密画［絵つき写本に収録された挿絵］の保護に力を注ぎ、また王宮庭園内の１万２０００株のイチゴの世話をする庭師を雇っていた。

19世紀半ばにはリチャード・ゲイ・パーディーの『イチゴ栽培のための完全な手引書――最良品種の紹介およびラズベリー、ブラックベリー、グースベリー、ブドウの解説 *Complete Manual for the Cultivation of the Strawberry; With the Description of the Best Varieties, Also, Notices of the Raspberry, Blackberry, Gooseberry, and Grape*』（１８５４年）などの指南書が数年間の試行錯誤を経て、専門の栽培者や素人園芸家向けに出版されるようになった。「多くの賢明な栽培者がすばらしいベリー類の生産に着目

イチゴの実や花を描いたフランスの時禱書から、ローマ帝国のユダヤ総督ピラトの細密画（1426～38年頃）。シャルル5世はこうした美術品に影響を受け、庭師たちに1万2000株のイチゴの苗を植えるように命じた。

野生のウッドランドストロベリー

しているのはよろこばしいことだ」とパーディーは楽観的な見解を示している。[14]

昔からブラックベリーは北アメリカ、イギリス、ユーラシアの田園地帯の生け垣やフェンス沿いに生える雑草に近いものだったが、19世紀半ばから後半にかけてアメリカの園芸家たちは大ぶりで味の良いベリーを選んで品種改良に着手した。1881年、カリフォルニア州の判事で素人の植物育種家でもあるジェームズ・H・ローガンが、裏庭にある原生の「レッド・アントワープ」というラズベリーの木の横に2種のブラックベリー――「オーギンバフ」と「テキサス・アーリー」だと思われる――を植え、偶然新しい品種を誕生させた。3種のベリーが同時に開花し、ローガンはこの三角関係をしばし楽しんだ後、新たな3種類目の実の種を植えた。50本の苗木のうち1本がかなり丈夫に育ち、彼はこのベリーを自分の名にちなんで「ローガンベリー」と名づけた。残りの49苗はこれまで見たことがないほどひょろ長い実をつけ、「マンモス」という名が与えられた。

ローガンベリーがアメリカ東海岸に持ちこまれたのは約15年後で、その後すぐにヨーロッパにも伝わった。これを親株として、カリフォルニアではボイセンベリー、オレゴン州立大学ではオラリーベリーなど、数多くの品種が誕生した。後にはチェハレムベリーと交配させたマリオンベリーという品種も作られている。ローガンベリーは北アメリカ各地とイギリスで栽培されているが、そこから派生した種は各地に散らばった。オラリーベリーはおもにカリフォルニア、マリオンベリーはオレゴン、ボイセンベリーはニュージーランドで栽培されている。

◉ルーサー・バーバンク

ローガン判事が1880年代に自宅で庭仕事にいそしんでいた頃、数多くの書物を残した植物学者で育種家でもあるルーサー・バーバンクは、直感と手応えを頼りに何百種類もの植物を開発しようと夢中になっていた。彼はアイルランドのジャガイモ飢饉を緩和するためにラセットポテトという品種も開発している。また、種が取れやすいジュライ・エルバータというモモやジャンボニンニク、その他多くの食用植物を生み出した。だが、その開発過程の記録は一切残されていない。科学的手法にあまり関心はなく、庭で実際に作業するほうが性に合っていたのだ。

ルーサー・バーバンク。アメリカの農学者で1919年に「白い実のブラックベリー」を開発した。

バーバンクは１９０５年、遺伝の法則は人間に「自然の創造力を導き、形成する」ための道具を与えたにすぎないと書いた。そして、自分の発見は単にその植物の祖先に常に存在していた「奇妙な変種」の反復だと主張している。「生命のタペストリーからこの複雑な糸を引き出すことによって、人は『動き、生命、力、物質と呼ばれるものはすべて同じ遺伝の法則に従うという、より一般的な知識』を得ることができる」[15]

バーバンクの方法論は精密さに欠けるとして科学者の批判を浴びたが（そして現在、土地の雑草管理をする人々は、彼がどこでもすぐにはびこるトゲの多い「実をたっぷりつけるヒマラヤ・ブラックベリー」をアメリカ西部に持ちこんだことを非難している）、それでも彼はアメリカの人々に愛されていた。ルーサー・バーバンク協会という支援団体まで作られ、同協会は会報やバーバンクの実績を紹介する12巻の書物を発行した。

彼の発見は単に植物学的な好奇心を満たすだけでなく、実際に役にも立っている。１９１０年代になるとバーバンクは30年の試行錯誤の末ついにトゲのないブラックベリーの品種開発に成功し、次に高品質の実をつける品種の育種に着目した。「それまでのブラックベリーしか知らない人が私の庭を訪れ、ネコヤナギのようになめらかな木に生った巨大な房を見ると、ここでは注目に値する品種改良が行われていると実感するようだ」とバーバンクは１９１４年に書いている。

１９２６年に亡くなるまで、バーバンクは８００以上の植物品種を開発した。同年、オレゴン州の森林で「ソーンレス《トゲなし》エバーグリーン」と呼ばれる突然変異体が発見され、すぐに栽培種として

ルーサー・バーバンクが開発した「白い実のブラックベリー」。

導入された。だが、バーバンクが以前から指摘していたように、この突然変異体（遺伝的キメラ）は傷つくとトゲのある品種に戻ってしまうことが多い。そのため、この種をそのまま栽培するのではなく、遺伝物質として利用することを目指し、すぐに品種改良への取り組みが始まった。最終的に、1933年に完全にトゲのないローガンベリーが開発されている。一般の園芸家にとってトゲなしの品種や半直立性の品種は今でもめずらしい存在だが、ベリー摘みをする人々にとっては歓迎すべきものであることは間違いない。

◉働く子供たち

市場向けのベリー生産が各地で広がるにつれ、客が自分で果実を摘み取る、いわゆるＰＹＯ（pick your own）やユーピック（U-pick = you pick）と呼ばれるベリー農園が登場し、新鮮なベリーを低価格で収穫する場を都会の人々に提供するようになった。1910年代初頭には、アメリカの新聞や雑誌にユーピックのベリー農園の広告が掲載され始める。キャッチフレーズは「ベリーを摘んで、お安く手にいれましょう」だった。[16]

ベリー類はリンゴとともに最も一般的なユーピック作物だ。新鮮なベリーは出荷中に傷みやすく、また収穫時には機械よりも人の手による仕事量のほうが多いという性質からユーピックというシステムに適している。人手は少しでもあったほうがいいという理由から、ベリー摘みには子供もかり出されることが多い。夏になると、ベビーブーマー世代［アメリカでは第二次世界大戦後から

ニュージャージー州の湿原でクランベリーを収穫する人々。1938年撮影。

1964年頃までを指す」の子供たちには近くの畑でベリー摘みの仕事が待っていた。スクールバスで一斉に畑に向かい、小遣い稼ぎや家計を助けるために働いたのだ。

この慣例が始まったのはユーピックが登場する数十年前、アメリカ南北戦争後に奴隷労働が撤廃された後だ。アメリカの作家（そして奴隷廃止論者）であるリディア・マリア・チャイルドは1829年に「売り物のベリーを数キロ程度収穫させるのは、子供にとってもいいこと」だと書いており、子供を労働力として雇うことに関する記述は南北戦争から約10年後の園芸ガイドや雑誌にも見受けられる。農業雑誌「アメリカン・アグリカルチャリスト」は1877年、「イチゴ摘みに子供か大人かは関係ないというのが一般的な考え方だ」と書いているが、その一方で「細部にまで気を配ることは子供には難しく、収穫したイチ

5歳のアルバータ・マクナブ、ベリー摘みをするのはこれで3年目だ。アメリカのデラウェア州で1910年に撮影。彼女は夜明けから日没まで働いていた。

ゴを無傷で出荷するためには『熟練した労働力』が必要である」とも警告している。[17] 品質管理までは無理だったとしても、子供の労働がベリー収穫の最も一般的な手段になるまでにそう時間はかからなかった。

写真家ルイス・ハインは、1908年から1912年にかけてアメリカ全土でベリー摘み（やその他の仕事）をする子供たちの姿を撮影し、その後全米児童労働委員会に雇われて違法な児童労働行為を記録した。フィラデルフィアで1910年に作成された報告書によると、アメリカ北東部にあるクランベリー湿原では子供が労働力の半分を占めており、中には3歳の幼児や、新学期が始まって数週間すぎても学校に行かずに働いている子もいた。アメリカでは1938年に最も厳しい児童労働法が施行されたが、その後も複数の大手のベリー生産企業が5歳の子供たちを働かせたとして訴えられており、最近では2016年にも同じ事例が発生している。

●ドリスコル一族のアメリカ進出

カリフォルニア州のパジャロバレーでは1872年にイチゴの商業栽培が始まった。リチャードとドナルドのドリスコル兄弟がアイルランドのコーク郡から移住してイチゴ栽培に着手したのは、その20年後である。[18] ふたりが1904年にカリフォルニア州ワトソンビルに設立した会社――ドリスコル社は、今や世界最大のベリー生産企業だ。同社には2016年時点で農学者、植物育種家、植物病理学者、昆虫学者、アナリストなど4万人からなる世界的なチーム「ジョイメーカー（楽しみを生み出す者、の意)」が在籍している。[19]

第二次世界大戦前、日本人の農夫たちはアメリカ西部全域でベリーを栽培していた。カリフォルニア州ワトソンビルに住むヒロシ・シクマはアメリカで最も多くベリーを生産する栽培者のひとりだったし、ワシントン州シアトル近郊にあるサクマ・ブラザーズ農場では1915年からベリーが栽培されている。1917年に設立された企業、セントラル・カリフォルニア・ベリー・グロワー・アソシエーション──CCBGA、40年後に「ナチュリペ」と改名された──が契約している農業従事者の半分は日本人だった。

CCBGAはカリフォルニア大学バークレー校にベリーの研究資金を提供していたが、第二次世界大戦が始まると大学は戦時に役立つという目先の理由から研究対象を綿花栽培に切り替えている。一方、ベリー農家の3代目であるネッド・ドリスコルは民間の研究所を設立して戦時中も研究を続行させた。すでにベリーの特許を取得し、独自の品種を栽培していたドリスコル社は、さまざまな栽培技術を独占することにもなる。戦時中、不当に抑留されていた日系人が釈放されると、ドリスコル社は彼らを雇って分益小作制《ぶんえきこさくせい》［雇い主が土地や農具などを小作人に貸し、収穫を(定量や定額ではなく)一定の割合で分け合う方法］を導入した。ドリスコル社は中国にイチゴを輸出した最初のアメリカ企業でもあり、今でもアジア市場を脅かす存在だ。また、同社は北アフリカ、中東、EU全域でも事業を展開している。

現在、世界のベリー類の大部分を生産しているメキシコでは(ドリスコル社を含む世界的なベリー

ラズベリー、カリフォルニアの栽培者向けの手引書より。(1910年)

カリフォルニア州オレンジ郡にあるノットのベリー農園

生産企業のほとんどがメキシコに拠点を持っている)、10万人以上がベリー栽培の仕事に従事している。特に有名なのはブルーベリーだ。大半のベリー農園は、ブルーベリーの栽培に適している海抜1・5キロの温暖な地域に集中している。世界第2位のベリーの生産量を誇るのはスペインであり、スペインに迫るのがイタリアだ。

●ノットのベリー農園

ウォルター・ノットと妻のコーデリアは、南カリフォルニアに「ノットのベリー農園」を所有していた。1920年代後半、ウォルター・ノットは、アメリカ農務省の植物育種家（そして前述のイチゴの権威）であるジョージ・ダロウに協力を依頼される。ダロウは以前、カリフォルニアのルドルフ・ボイセンという人物が農場で栽培している興味深い新種のベリーの話を聞いたことがあ

マサチューセッツ州ノーサンプトンの道路脇で売られる自家製ジャム。1939年撮影。

り、ノットとともに調査を開始した。すると、ボイセンは新しいベリーの育種をあきらめていた苗を引きわかった。ノットはボイセンが育てていたことが受け、自分の農場に移植することにした。苗は弱っていたがやがて元気を取り戻し、後に「ボイセンベリー」と呼ばれることになるこのベリーは、ノットのベリー農場で販売され始めた。コーデリアお手製のボイセンベリーのジャムやパイも評判を呼び、農場の名はどんどん広まっていった。

客は増える一方だった。ノットはチキンを中心とした料理を提供するレストランを1934年に併設する。当時、チキン料理はアメリカでかなり流行っていた。レストランは人気を博し、1940年にはさらに客を呼びこむために、敷地内に西部開拓時代の「ゴーストタウン」を建設し始める。1960年代後半にはこのゴーストタウンを有料の施設とし、現在、ノットのベリー農園には4つのテーマに分かれた合計40のライド・アトラクションを備えるまでになった。２０１５年の入場者数は３８０万人を超えているという。この農園で作られたジャムは、老舗《しにせ》の食品企業であるスマッカーズ社から販売されている。

人間は何世紀にもわたってベリーの遺伝の全容を解明したいと願い、一部に野生のまま残したほうがよいという意見がある品種も栽培しようと試みてきた。一方で、それと同じくらいの年月をかけて、ベリー本来のよさを引き出す料理や飲み物が研究されてきたことは幸運と言える。

第4章 ◉ 料理と飲み物

夏のディナーパーティを締めくくる気の利いた一品が思いつかない女主人たちの味方は、いつの世もベリーだった（もっとも、ジョージ王朝時代の流行りのように、グースベリーを複雑なオレガノの形に彫ろうというなら話は別だが）。ヴィクトリア朝時代には「最高の」ベリー用ボウルと4〜6個の普通のボウルから成るベリーセットがなければ完璧な家庭とは言えなかった。裕福な家庭では、執事が管理する食料貯蔵室の銀器用キャビネットにベリー用スプーンと三股（時には二股）のイチゴ用フォークが揃っているのが普通だった。

美しい陶器の皿と銀のスプーンさえあれば果物に特に手を加える必要はなく、またそのほうが好ましいと思う人々もいた。家政学の専門家であるマリオン・ハーランドは自著『家事の基本 *Common Sense in the Household*』（1884年）のなかで、傷みやすいベリーを洗うと風味や質が損なわれると注意している。「洗わなければ食べられないほど表面がざらついているものは、食卓に出さないのが一番だ」[1]。果物は「傷まないようにそっとガラスの皿に盛ってテーブルに置き」、客が好みでかけるクリームと粉砂糖を添えるだけでいい[2]。粉砂糖が誰でも気軽に買える時代ではなかったため、ハーランドはこう書き添えている。「経済的ではないかもしれないが、健康にも見た目にもいい。この盛りつけに勝るものを私は思いつかない」[3]

さらに言えば、やがて人工的な「ベリー」フレーバーがやたらと出まわる奇妙な時代が来ることも、ハーランドは思いつかなかったに違いない。女の子らしさを演出するために世界中の無数の製品に使用されているフレーバーは、シンプルさの対局にあるものだ。ウォッカからボディローションまで、あらゆるものに含まれている有機化合物はフラネオールと呼ばれ、さまざまな果物、特にイチゴに含まれる天然のアルコール成分だ。フラネオールやエチルメチルフェニルグリシデート（一般的に「イチゴアルデヒド」として知られている）は、多くの香料メーカーで広く使用されている。エリザベス朝時代の詩人エドマンド・スペンサーの「いちご畑のような甘やかな胸」を持つ恋人にでもあやかるつもりだろうか[4]。

イチゴと同じく現代の食品科学の罪なき犠牲者、ブルーラズベリーは発泡性飲料（ソーダ）、シロップ、菓子（キャンディ）、さらには頭痛を引き起こすような商品にもよく使われるフレーバーだ。たとえば頭がキーンとなりそうなスノーコーン（かき氷）には、1950年代後半の発売以来ずっと真っ青なシロップが用いられている。この人工的なブルーラズベリーの色は、さまざまなベリーフレーバーの冷凍菓子の見分けがつきやすいように特別に開発されたものだ。以前から、濃いラズ

青いラズベリーは自然界にも存在するが、現在多く流通している人工的なブルーラズベリーフレーバーの製品とは色味がまったく異なる。

ベリーレッド（アメリカの「連邦食品・医薬品・化粧品法」が定める「赤色2号」。後に発がん性があるとして禁止された）に使用される着色料の安全性については疑問の声が上がっていた。そのため、ラズベリーフレーバーのスノーコーンを別の色に変えることは一石二鳥だったのだ。1970年代初頭までには、スノーコーンの競合製品であるアイシーにもブルーラズベリー味が加わっている。

セブンイレブンは2016年、1週間開催されるイベント「シャーク・ウィーク」［アメリカのテレビ局「ディスカバリーチャンネル」がサメへの関心を広める目的で行っているイベント］に合わせて、ブルーラズベリーのかき氷味のドーナツを販売し始めた。同年には同じフレーバーのチャップスティック・リップバームも発売されている。2016年はブルーラズベリーの当たり年だったようだ。

青い色とフレーバーが人気になる前は、この業界はもっとシンプルだった。世界初のフレーバーリップグロスがアメリカ市場に出たのは1973年、ボンベル社が発売したリップスマッカーズのイチゴフレーバーだ。当時の若者は、きっとこれまでになく甘いファーストキスを経験したに違いない。

●古代の使用法

大プリニウスなどによる太古の記録では、食用としてのベリー類の存在はほぼ無視されている。これはベリー類が野生で採取される農民のありふれた食料にすぎず、記録に残す価値のある「文明的」な食べ物ではなかったからだ。また、デーツやイチジクとは違い、ベリー類の大半は地中海や肥沃な三日月地帯ではよく育たなかった。もっとも、マルベリーはメソポタミアやレヴァント［三日月地帯の西半分にある地方］で一般的に食べられていたようだ。最も古いとされる料理書『料理の題目 *De re coquinaria*』は1世紀の美食家マルクス・ガビウス・アピシウスが書いたとされ、『アピシウス』という名でも知られている。この本に、マルベリーの果汁やワインに実を漬けて保存するレシピが記載されている。ただし、マルベリーは傷みやすいので「常に」目を配っておかねばならないという注意書きが添えられている。古代エジプト人はデーツやブドウ、イチジクに加え、ナブクベリー（学名 *Ziziphus lotus*、ナツメの近縁種）やマルチベリー、そしてマルベリーを食べていた。サッカラのネクロポリス遺跡で発見された埋葬品には、ナブクベリーを使った食料も含まれている。

紀元前6世紀にはインドの医師スシュルタが、アムラ（インドのグースベリー、学名 *Phyllanthus emblica*）などの酸味がある果実は体によいと勧めている。アムラ（amla）とはサンスクリット語で「酸っぱい」という意味で、塩味、甘味、苦味、渋味、辛味と並んで古代インド料理の六味のひとつとされる。酸味は口の中の唾液を増やし、食欲を増進させる味だ。

バーベリー（ゼレシュクとも呼ばれる）は昔からペルシャの米料理ゼレシュク・ポロウやモルグ・ポロウには欠かせない食材であり、15世紀にはバーベリーのスープは夏にふさわしい料理としてトプカプ宮殿で供されていた。17世紀のオスマン帝国の探検家、エヴリヤ・チェレビの旅行記にはマルベリーのピラフについての記載があり、その4世紀前には、詩人ルーミがカシスのピラフを楽

香辛料を効かせたアムラ（インドのグースベリーのピクルス）

しんだとされている。

ヨーロッパの北方に目を向けると、古代北欧の人々は野生のベリー類を摘んで食べるだけでなく、北極圏に住む先住民と同じく、乾燥させたり、漬けたりして保存していた。デンマーク、スイス、イングランドで発見された考古学的資料からは、古代ヨーロッパ人の食生活にはさまざまなベリー類が取り入れられていたことがわかっている。

スウェーデンのシェフ、マグナス・ニルソンは２０１５年に出版した『北欧の料理本 *The Nordic Cook Book*』のなかで、かつて北欧では砂糖が不足していたためジャムなどの保存食は一般家庭では作られていなかったはずだと書いている。また、同書にはロッドグロッド・メッド・フロード（片栗粉でとろみをつけ、クリームを添えたベリー）のような

めずらしい乾燥ベリー（とその他の果物）。1 黒ブドウ／2 ブラックマルベリー／3 ホワイトマルベリー／4 フィサリス（食用ホオズキ）／5 アロニア（チョークベリー）／6 シーベリー／7 ラズベリー／8 キンカン／9　白ブドウ（日陰干し）／10 ブルーベリー／11 ゴジベリー／12 サクランボ／13 クランベリー／14 サワーチェリー／15 バーベリー

シンプルな料理が「最も象徴的で一般的な」デンマークのデザートのひとつだという言及もある。[6] 現在スカンジナビアの人々が作るシンプルなベリー料理の多くは、バイキングが好んで食べたものだと考えられている。ノルウェーのムルテクレム（クラウドベリーをホイップクリームと混ぜたもの）やスウェーデンのリンゴングラッド（リンゴンベリーのクリーム）は、現代と同じく古代のスカンジナビア人にも愛されていたのだろう。フィンランド人はビルベリーをパイに使用しないときには、何世紀も前と同じように牛乳を飲みながらそのまま食べることもある。

ベリーを使ったパイとプディングの

ロッドグロッド・メッド・フロード（赤い実とバニラソースを混ぜたもの）は、夏に生る赤い実を使った北欧のプディングだ。

レシピは多種多様だ。ベリーの食べ方は何百通りもあり、一日のうちで食べる時間が決まっているわけでもない。最も有名なベリー料理のなかにはかなり古いレシピもあるが、近年作られたものも広く普及している。

イタリア人は朝食にパンとジャムを、スコットランドの子供は昼食にジャムのサンドイッチを食べる。イギリス人はアフタヌーンティーのスコーンにジャムとクロテッドクリームを塗り、ロシア人は紅茶のなかにジャムを入れる。スウェーデン人は夕食でミートボールにリンゴンベリーのジャムをかけて食べ、デザートのオストカカ（チーズケーキ）にはクラウドベリーのジャムを添える。１８５０年代以降はカクテルにジャムを混ぜる飲み方が広まった。ベリー

キエフでキセリ（とろみをつけた果物の飲料）を作っているようす。15世紀の『ラジヴィウ年代記』より。

のジャムは昔からあらゆる食事やデザート、飲料に使われ、朝食から夜の寝酒まで時間に関係なく親しまれてきたのだ。

セルビアの家庭では客がテーブルに着くと、もてなしの意味をこめてひとさじのスラットコ（果物のジャム）とグラス1杯の水を出すという風習がある。スラットコに使うベリーはイチゴが一般的だが、カリンなど他の果物もよく使われる。バルカン半島ではチョークベリー（学名 *Aronia*）のスラットコがあり、スプーンで直接食べる他にアイスクリームやパンケーキに載せることもある。

ポーランドやフィンランドを含むスラブおよびバルト諸国で親しまれているのは、10世紀の文献に初めて登場したキセリ（とろみをつけたベリーの果汁）だ。ブラックベリー、クロスグリ、ビルベリーなど甘みのある果汁にコーンスターチや片栗粉を加えたものだが、黄色のグースベリーやその他の黄色の果実で作られたキセリは「ゲルベ」（金色の意味）と呼ばれる。

物理学者で化学者のマリー・キュリーは、放射性元素を発見してノーベル賞を受賞するよりも前――ポロニウムと呼ばれる元素を発見した1か月後の1898年に、グースベリーのゼリーの完璧なレシピを作っている。彼女の家計簿には、季節ごとにかかったジャム作りの費用が頻繁に書きこまれていた。幸い、彼女のように高度な化学の学位がなくても、グースベリーなどペクチンを多く含む果実を保存することはできる。気をつけるのは砂糖と酸味のバランス、そして火加減だけだ。

ブラックベリー、クランベリー、スグリにはペクチンが多く含まれているが、リンゴからもペクチンを煮出してスグリとともに凝固剤に利用し、ベリーのゼリーを作る方法をついに習得したのはアメリカの入植者である。この技術が開発される前、イギリスの料理作家ハナー・グラスは『手軽で簡単な料理法 *The Art of Cookery made Plain and Easy*』（1747年）でスグリのゼリーのレシピを紹介している。続いてラズベリージャムのレシピがあり、ラズベリーをつぶして煮たものをスグリのゼリーに混ぜて作るように書いている（スグリを入れるのはラズベリージャムを固めるためだ）。興味深いことに、1765年版では陶器の小さな薬壺にブランデーを染みこませた紙を載せておくという工程が加わっている。パリの菓子職人ニコラ゠フランソワ・アペールが、ガラスの瓶に詰めたジャムやゼリーに栓をして熱湯で殺菌するという保存方法を編み出すのは、この数十年後のことだ。

オスマン帝国の宮殿に残されていた記録簿には、2種類の果物の保存食が記載されていた。ひとつは「ルブ」と呼ばれる果肉の多いドロリとしたジャム、もうひとつは東欧のヴァレニエのように果実を丸ごと煮て作る甘い「ムラバ」だ。なかでも高官のために特別に作られたものは、バーベリー、インディアングースベリー、マルチベリーを材料としていた。また、インディアングースベリー（アムラ）は太古の昔からチャツネ［フルーツや野菜などを煮詰めてジャムやソースにしたもの］に使われていた。酸味のある果物をソース状のチャツネに仕上げるインドの料理人の技術は、ジャムを愛するイギリスの植民地主義者たちにおおいに気に入られたに違いない。

またイギリスでは、1907年版の『ビートン夫人の家政読本 *Mrs Beeton's Book of Household Management*』のレシピからもわかるように、ケープグースベリー——グラウンドチェリーやゴールデンベリーという名でも知られている——を使ったインド発祥のジャムが人気となった（今でもイギリスではケープグースベリーでラスバリチャツネというインドのダンプリング［小麦粉を卵やバター、牛乳などで練った生地を団子状にしてゆでたもの］が作られている）。このジャムは18世紀にドイツからペンシルベニア州に移住してきたアーミッシュ［農耕や牧畜によって自給自足生活をしている宗教集団］やメノナイト［非暴力と平和主義を掲げて活動し、質素な生活を送る再洗礼派の信徒］も作っていたことが、エディス・トーマスの『農場の娘メアリーと「ペンシルベニアのドイツ人」たちの話を基に編集したレシピ集 *Mary at the Farm and Book of Recipes Compiled During Her Visit Among the 'Pennsylvania Germans'*』（1915年）にも記載されている。小ぶりな果実のトマティーヨなどはペクチンをたっぷり含んでいるので、簡単にジャムにすることができる。また、ゴールデンベリーのジャムは今でもペルーやアフリカで食されている。

　香辛料を効かせたタンパク質の食材と甘いジャムの組み合わせは、ピーナッツバターとゼリー（ジャム）のサンドイッチと同じで特にめずらしいものではない。リンゴンベリーのジャムをブラックプディングやトナカイのモモ肉に添えたり、ミカエル祭で食べるローストしたガチョウのつけ合わせにバーベリーとリンゴを出したりするなど、ジャムと香辛料の組み合わせは、菓子と同じくらい古くから存在する。ジャーヴェス・マーカムは著書『イギリスの主婦 *The English Huswife*』（1615年）のなかで、グースベリーソースをかけた若いガチョウ肉のレシピも紹介している。長い寝袋の

PRESERVES AT THEIR BEST ARE
EVERBEST
You won't come across a single pesky seed in our Everbest Blackberry Jam. We remove them all *beforehand* so you get nothing but that wonderful blackberry flavor... mmm, how good it tastes!
EVERBEST
Pure Seedless
BLACKBERRY JAM
GLASER CRANDELL CO.
BLACKBERRY "CUPS" ...cup-cake surprises they'll rave over!
Waiting for you in our new "Tricks 'n' Treats" Recipe Book is this recipe and dozens of other fascinating ways for using Seedless Blackberry Jam . . . Spiced Peach With Cherry Preserves . . . Seedless Cherry Jam . . . and all the other Everbest specialties. Mail coupon!
FREE RECIPES
Glaser, Crandell Co.
Dept. B-2, 2000 S. Western Ave.
Chicago, Illinois
Please send me, free, your new color-illustrated recipe book, "Tricks 'n' Treats with Everbest Preserves."
Name
Address
City
State
Your grocer also has spicy EVERBEST Relishes,
1948年発行の『レディース・ホーム・ジャーナル』誌より、ブラックベリージャムの広告。

ような形をしたベッドフォードシャー・クランガーという料理は、少なくとも19世紀には存在していた。これは肉とプディングを1枚の長細いペイストリーで包んで焼く簡単な料理で、半分に肉とジャガイモ、もう半分にジャムをくるんで作る。

●クランベリーソース

クランベリーソースはアメリカの感謝祭の食卓には欠かせない。最初の感謝祭は１６２１年、イギリスから移住したピルグリム・ファーザーズが先住民ワンパノアグ族に作物の栽培知識を伝授されたことがきっかけで行われたとされるが、このときにクランベリーソースが出されたという記録は残っていない。本来、このソースの起源はイングランドのアカスグリのソースにある。これをアメリカで簡単に手に入るクランベリーで応用したものが、アメリカ初の料理本、アメリア・シモンズの『アメリカの料理法』（１７９８年）に記載された。そのレシピは、感謝祭のディナーを食べたことがある人なら誰でも知っている内容だ。七面鳥にタイムとマジョラムで味つけしたパンを詰め、「ゆでたタマネギとクランベリーソースを添えて」、副菜にはバターで味つけしたマッシュポテトとグレイビーソースを出す。クランベリーソースのレシピは書かれていないので、当時すでにアメリカでは誰もがクランベリーソースの作り方を知っていたのかもしれない。

クランベリーソースが食卓に上るのはアメリカとカナダの感謝祭と、カナダとイギリスのクリスマスのときにほぼ限られ、缶詰や瓶に入った市販品を使うのが一般的だ。イケア［スウェーデン発で、

動物の血を材料に混ぜたプディングにリンゴンベリーのジャムをかけ、ジャガイモと生のキュウリを添えたスウェーデン料理。

世界各地に出店している世界最大の家具量販店」のおかげで、北欧風のロースト七面鳥（または鹿肉、ポテトダンプリングやミートボール）に不可欠なリンゴンベリージャムも手に入りやすくなった。アカスグリのゼリーも同様にいつでも楽しむことができ、特にサンデー・ロースト［日曜日の昼食に食べるイギリスの伝統的な食事］のラム肉に添えて供されることが多い。

●バル＝ル＝デュックのゼリー

16世紀にアカスグリがヨーロッパで初めて栽培化された頃、当時フランス王妃となっていたメアリー・スチュアートは、バル＝ル＝デュックのゼリーを「瓶の中の太陽の光」と呼んでいた。200年の間、このゼリーはフランスのロレーヌ地方バル＝ル＝デュック周辺で自生するスグリだけを使って作られていた。実をつぶさずに丸ご

シロスグリは高級なバル＝ル＝デュックのゼリーの材料だ。種は羽ペンで丁寧に取り除かれる。

と形を残す製法で、原料のアカスグリやシロスグリ（品種はヴェルサイユやルードムのみ）の種は、実の部分に傷をつけないよう細心の注意を払いながらガチョウの羽で丹念に取り除かれた。この作業には果てしない忍耐と外科医のような集中力が必要だ。ゼリー作りに携わっていたのが修道僧だったというのも納得できる。

このようにバル＝ル＝デュックのゼリーは作るのに手間がかかるため（砂糖やクリスタルガラス製の瓶にかかる費用は言うまでもない）、何世紀にもわたって上流階級の人々が特別に高価な贈り物として利用していたが、第二次世界大戦後にはさっぱり売れなくなってしまった。１９７０年代にはこのゼリーを作っているのは世界でＭ・アミアブルという男性ひとりだけになり、91歳となったときには引退を決意していた。結局、アミアブルは気が進まないながらも後継者を育て、彼に事業を売却する。スグリの種取りは今でも手作業で行われているが、現在それを行うのは修道僧ではなく、エペピヌーズ［「トゲのある」の意］と呼ばれる10人の女性だ。果実は丸ごと濃厚な砂糖シロップに漬けて保存され、小さな切り子の瓶に小分けされる。このゼリーは今でもかなり高価で、85グラム入りで20ポンド前後だ。

◉有名なパイとタルト

アカスグリはゼリーだけでなく、オーストリアの代表的なデザート、リンツァートルテにも使われる。17世紀半ばに誕生したリンツァートルテはアーモンド粉の生地にアカスグリやラズベリージャムをはさみ、格子模様をつけてぱりっと焼き上げる厚みのある菓子だ。これを応用したリンツァーサブレ（アメリカではリンツァークッキー）はクリスマスによく食べられる。アーモンド粉で作った薄いショートブレッドクッキー2枚の間にラズベリージャムやアカスグリのジャムをはさんだもので、上のクッキーはきれいな形にくり抜かれて赤いジャムが見えるようになっている。

世界最古のケーキと言われるリンツァートルテはどちらかといえばパイに近い。そして、パイの歴史はもっと古い。また、ジャムのタルトはさらに古くからあり、形としてはパイよりもむしろリンツァートルテに近い。初期のタルトは肉を使ったもので、イタリアではクロスタータと呼ばれている。その歴史は中世にまでさかのぼり、イタリアのシェフ、マルティーノ・ダ・コモの『料理法

エリザ・アクトンの1845年のレシピで作ったベイクウェル・プディング

の書『*Libro de arte coquinaria*』(1465年)には香辛料を使ったレシピが、さらに15世紀末には甘い味のレシピが登場している。現在のクロスタータは、甘いビスケット生地にジャム(よく使われるのはラズベリー)を載せ、その上に格子模様の生地を置いて(ちぎって載せる場合もある)焼くのが一般的だ。アルゼンチン、ウルグアイ、パラグアイ、ギリシアではパスタフローラと呼ばれる同様のタルトが午後のデザートに供されるが、これはイチゴのジャムを使う場合もある。このパイをさまざまな形にアレンジしたガレットはクロスタータの素朴なフランス版であり、ベリーやジャム(または他の果物)を使って作る。

昔から、ジャムタルトは一年中いつでもベリーの味を楽しむ機会を人々に提供してきた。また、ジャムはチーズとの相性も抜群だ。アイスランドではベリーのジャムをチーズピザに塗って食べるが、これはベリーとチーズで作る塩気の効いたデニッシュに近い。『ビートン夫人の家政読本』1861年版には、ベリージャムのタルトとクリームタルトレットのレシピがいくつか紹介されている。そのうちのひとつ、マンチェスター・タルトは、ジャムのパイにカスタードとココナッツをたっぷり載せて作られる。

ベイクウェル・プディングは、もともとはジャムの厚い層にエッグカスタードとアーモンドの香料を載せて焼いただけの菓子だった。イライザ・アクトンは1845年に自著で「ベイクウェル・プディングはダービーシャー州ベークウェル以外の土地でも有名だ」と記している。それから20年も経たないうちにイザベラ・ビートンがこの菓子について書いたときには、ベイクウェル・プディングはタルトに進化を遂げていた。イチゴジャムの分量を減らしてペイストリーに載せ、もう1枚のペイストリーで包むようにして焼く調理法に変わっていたのだ（ふたつ目のレシピでは生地の代わりにパン粉が使われている）。現在、ショートクラスト生地の上にベリーのジャムとフランジパーヌ［アーモンドクリームとカスタードクリームを混ぜ合わせたもの］を薄く塗り、アーモンドスライスをトッピングしたものはベイクウェル・タルトと呼ばれている。

さらに、ジャムタルトのお手軽版「ポップタルト」は小さなターンオーバー［生地にフィリングをのせ、折り畳んで焼いたパイ］の一種で、生地が折り畳まれているため手がべたつく心配がない。現在は個包装の箱入りで販売され、トースターで焼くだけで食べることができる。1964年に初めて発売されたときに使われていたのはイチゴとブルーベリーのジャムで、同じくターンオーバーの一種、ピルズベリー社のトースター・シュトゥルーデルにも必ずベリーのジャムが使われている。片手で持てるサイズのフルーツパイの中には油分の多いデザート版ピロシキのようなものもある。たとえばホステス社のフルーツパイは油で揚げており、ニューオーリンズにあるヒュービッグ社のパイに似ている（きっと、何でもやたらと油で揚げるのが好きなスコットランド人にヒントを得たに違いない）。

マクドナルドで販売されているひとり分のフルーツパイには、国や地域によっていくつかのパターンがある。アメリカではほとんどの店でストロベリークリームのパイを売っている。香港の店のメニューにはイチゴのコンポートがたっぷり入った容器にアップルパイとアイスクリームを載せたものがあり、ドイツにはブルーベリーのチーズケーキ「タッシェ（袋の意）」がある。バーガーキングではワイルドベリー味のフルーツパイが販売されている。

ベリーはどんな種類でもパイやタルトに使うことができるが、世界には特によく知られたパイがいくつかある。スウェーデンのブラバーシュパイ（ビルベリーパイ）は、風味づけにレモンの皮とシナモンをほんの少しだけ使い、バニラソースをかけて食べる。また、バンブルベリーパイやジャンブルベリーパイなどの夏のベリーを複数使うもの、ラズベリーとブラックベリーを使うラズルベリーパイ、春の終わりに人気のストロベリー・ルバーブパイ（クランブルとしても販売されている）なども有名だ。ルバーブはイギリスで約400年前から栽培されているが、元々はニューイングランドやアパラチア（パイが有名な地域）のアメリカ人が持ちこんだものだ。アメリカの食生活に

カナダのアルバート州にある食堂で出されたサスカトゥーンベリーのパイとアイスクリーム

深皿焼きのパイが登場したのは、１９１０年代だった。

19世紀後半から20世紀初頭にかけて、コネチカット州ブリッジポートのフリスビー・パイ社は、ブリキのパイ皿でパイを販売していた。文献に具体的な時期は書かれていないが、人々はいつしかこの皿を宙に飛ばして遊ぶとかなり楽しいと気づき始める。当時は東部のいくつかの大学でこれを競技として行っていたが、ミドルベリー大学は１９３９年に「この競技はわが校が発明したものだ」と主張した。それはともかく、この遊びは噂話のようにどんどん広まり、１９４０年代にはブリキの皿の代わりにプラスチックの円盤が開発され、おもちゃの空飛ぶ円盤は全国で販売されるようになった。このデザインを１９５７年に購入したワム・オー社は、円盤に競技と同じ「フリスビー」という名をつけたが、これがもともとブリキ皿でパイを販売していた会社にちなんだ名前だということは知らなかったという。第二次世界大戦後にこのおもちゃが普及した過程については明確な資料があるが、「ブルーベリーパイを食べた後の皿を最初に投げようと思いついた人物の資料を見つけるのは、ちょっと難しいですね」とワム・オー社の広報担当者は述べている。[7]

中西部出身のフードライターたちがドイツ人の祖母が作るパイを思い出すように、カナダ人は何世代にもわたってサスカトゥーンベリーを摘み取り、年配の女性がそれでパイを作るという伝統を受け継いできた。サスカトゥーンベリーのパイはカナダで継承されるに留まらず、南にも広がっている。20世紀初頭にケンタッキー州の主婦が作ったサービスベリー（サスカトゥーンベリーと同じ仲間）パイのレシピには、サービスベリー５００グラム分の甘みとバランスをとるために、酸味のあるグースベリーを約５００グラム加えるよう書いてある。

●コブラー、バックル、クリスプ、クランブル、スランプ、グラント

「ベリーと何かの生地を皿に入れて作る料理」というテーマには数十通りのバリエーションがある。アメリカ初期の入植者はイギリスからプディングのレシピを持ちこみ、それが新しい料理へと発展していった。そのひとつ「グラント」または「スランプ」は、蒸したプディング（液状または練った生地をたっぷり使い、ベリーと混ぜたもの）に似た菓子のことだが、練った生地をベリーに載せ、蒸さずにコンロで煮る。時間とともにベリーの熱が生地に伝わって全体に火が通るのだ。呼び名が

オート麦とアーモンドをトッピングしたブルーベリーのクリスプ

ふたつあるのは場所によるもので、ケープコッドでは「グラント」、ニューイングランドの他の地域では「スランプ」と呼ばれている。ただし、コンロではなくオーブンで焼いた場合、同じ料理が「コブラー」という名に変わる。さらに、オーブンで焼く場合でも生地の上にベリーを載せると、コブラーではなく今度は「バックル」だ。コブラー（cobbler）は焼くと丸石（cobblestone）を敷いた道に似ている――またはこの料理が「手早く寄せ集めて」（cobbled together）作られるからだという説もあり、正確な由来はわかっていない――のに対し、上にベリーを載せると「内側にへこむ」（buckle inward）ことからバックル（buckle）と名づけられた。イギリスでは「クリスプ」のことを「クランブル」と呼ぶが、このふたつの本当の違いはオート麦をトッピングするかどうかにあるようだ。

◉プディングとダンプリング

牛乳と小麦でんぷんを混ぜて型に注いで作る美しいプディング、ブランマンジェは今ではヴィクトリア朝時代を象徴するデザートとされている――もっとも、実際に作られるようになったのはその何世紀も前のことだ――が、この百年間でブランマンジェにもいろいろなベリー味が仲間入りするようになった。ときには、ブラン（白）マンジェではなく、その見た目にふさわしい名前に変更されることもある。1819年発行の『ファーマーズマガジン』誌に掲載された、クランベリーの果汁で色と味をつけた「ルージュ（赤）マンジェ」はその一例だ。「クランベリーが手に入らないときは、他のさまざまな果実の果汁で代用できる」と記者は述べ、ロシアのブランマンジュに使用されるジャガイモでんぷんでも十分に固まることも書き添えている。[8] さらに記者は、「ラズベリー、スグリ、オレンジなどのブランマンジェも食べてみたが、どれもなかなかおいしかった。ただし、クランベリーには及ばない」と断言している。[9]

パンを混ぜて蒸したり煮たりして作るプディングは、ベリー類を加えて長きにわたり改良されてきた。その典型的なものにサマープディング〔薄切りにした食パンを果物や果汁と一緒に調理した菓子〕がある。また、なめらかなカスタードを添えて供されるスポッティド・ディック（spotted dick／干しブドウ入りプディング）は、イギリス人にとっては特に文化的な意味を持つ。ただし、プディングそのものが何世紀も前からイギリスの食物史に登場していることを考えれば、これは比較的新し

さまざまなベリーをかけたサマープディング

い料理と言えるだろう。笑いを誘う名前だが、これは材料のスグリやブドウが「スポットspot」と呼ばれることに由来している。ディック（dick）はドイツ語で「ぶ厚い」「重い」「膨らむ」を意味する dick が語源である可能性が高く、正直に言えば——あまり品のよい名前とは言えない［dick には「男性器」の意味もある］。

下品な話はさておき、スポッティド・ディックの最初のレシピは、アレクシス・ソワイエが１８４９年に著した『現代の主婦または饗宴 *The Modern Housewife or Menagerie*』に掲載されているが、現代のレシピでは干しブドウの代わりに乾燥スグリを使うのが一般的だ。イザベラ・ビートン夫人の１８６１年の著書『ビートン夫人の家政読本』にはこのレシピ（少なくとも同じ名前のレシピ）は掲載されていないが、スグリを使った他のプディングのレシピは多数あり、なかでも煮て作るスグリのプディングはソワイエのスポッティド・ディックにそっくりだ。現在はハインツやシンプソンズといったメーカーから電子レンジで温めるタイプの缶入り商品が販売されているが、作り立てで熱々のスポッティド・ディックに勝るものはないという意見も多い。

ジャムを使うローリーポーリー・プディングも、イギリスで今でも定期的に流行る昔ながらのプディングだ。これはスエットプディング（小麦粉とスエットをこねて作った生地）を伸ばし、ジャムを塗って端からくるくると巻いて作るもので、見た目はロールケーキに似ている。細長く巻いた生地を布に包んで蒸すのだが、この生地は「死人の足」（または「死人の腕」）と呼ばれている。かつてこのプディングを、古いズボンの片足やシャツの腕を切り取ったものに包んで蒸したことからこの名がついた。これは学校で出される定番デザートのひとつとして、イギリスのベビーブーマーたちに共通する子供時代の思い出の品だ。

1760年代から20世紀初頭にかけてロシアに住んでいたドイツ人が特に好んだのは、ベリーのダンプリングだ。エルドビアクロッセと呼ばれるイチゴのダンプリング（ヴォルガ川沿岸や黒海地域のドイツ語ではエベングラッセ）は、ソーセージと一緒に供される前菜だった。このダンプリングは、生地にきざんだイチゴを練りこみ、水でゆでた後に溶かしバターとクリームにまぶしたものだ。また、イヌホオズキ（ドイツ語でシュバルツベーレン。ワンダーベリーとしても知られている）のコンポートはラビオリに似たマウルタッシェの詰めものやクーヘン（ケーキ）、パイにも使われた。さらに、エベングラッセと同じく溶かしバターとクリームで和え、シンプルなダンプリングの上にかけて供されることもあった。

ベリーのダンプリングはユダヤ人にも親しまれていた。1910年代のユダヤ人による料理本には、ハックルベリーのダンプリング（オレゴン州で発売された本ではローガンベリーのものもある）のレシピが載っている。ソフトボール大のシンプルなプディングで、マッツァー粉で作ったユダヤのダンプリングに似た菓子だ。アフリカ系アメリカ人による初期の料理本、ルーファス・エスティスの『おいしい食べ物 *Good Things to Eat*』（1911年）にはラズベリーのダンプリングのレシピが掲載されていた。

●フール、カスタード、トライフル

フールとは果物（たいていはベリー類）をカスタードクリームに混ぜこんだ菓子のことだ。グースベリーのフールは、少なくとも17世紀に最初のレシピが出版されて以来ずっと家庭で愛されてきたデザートだが、「フール foole」という語が登場するのはその1世紀前にさかのぼる。イタリアでは「ザバグリオーネ」と呼ばれており、これはベリーをカスタードと混ぜるのではなく、上に載せたり脇に添えたりして供される場合が多い。

トライフルは深いガラスの器にスポンジケーキやレディースフィンガーと呼ばれる細長いビスケットとフールを層状に重ねたデザートだ。初めて料理書に登場したのは『よき主婦の宝石 *The Good*

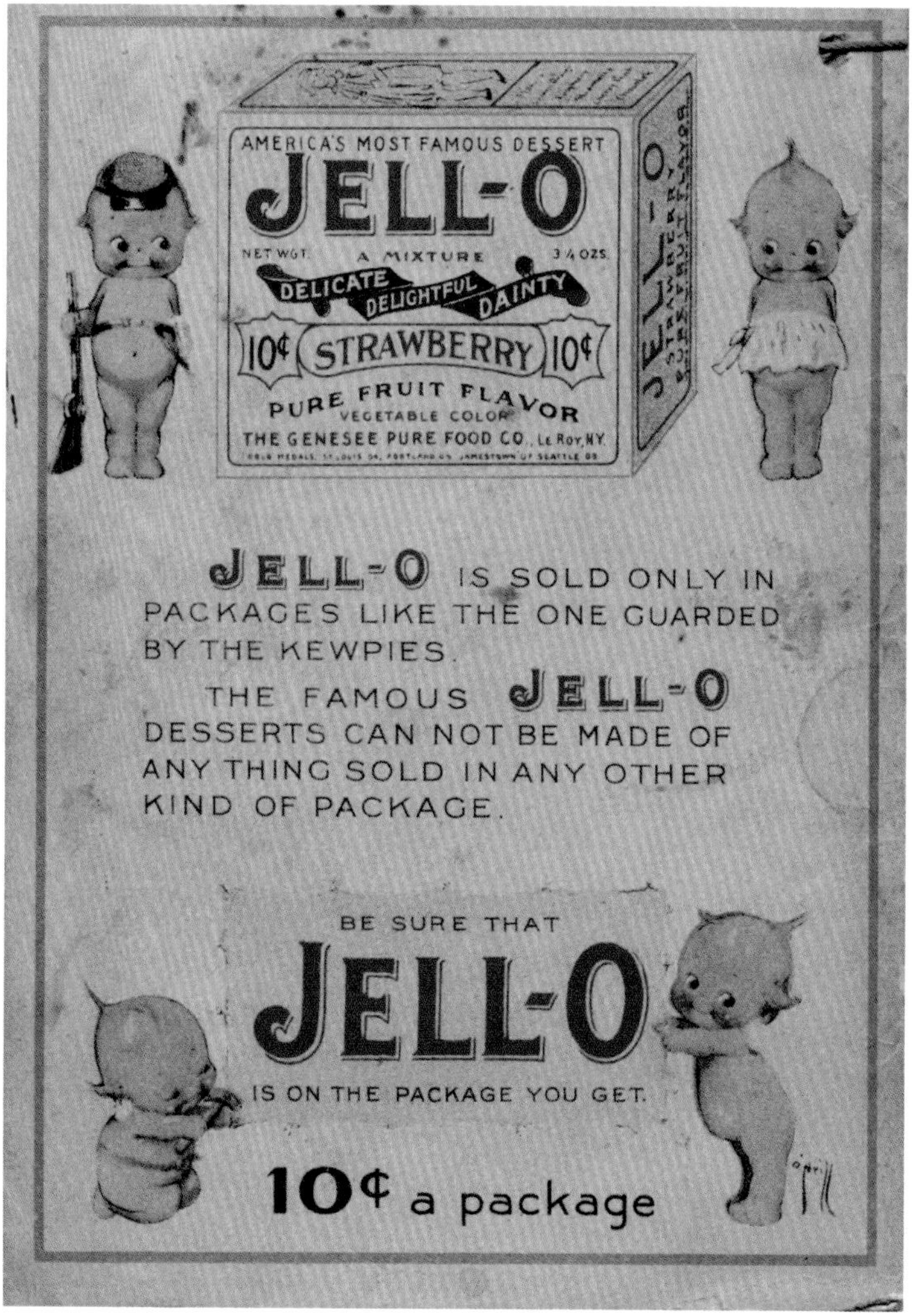

楽しげなキューピー人形たちが描かれた、1915年頃のジェロの広告。発売当初の7つのフレーバーのうち2種類がベリーだった。

Huswifes Jewell』（1585年）だが、他の初期の料理書のレシピではスポンジを使わないものが目立つ。現代のトライフルはハナー・グラスの『手軽で簡単な料理法』（1764年）が基本となっている。ワインに浸したビスケット、ケーキ、マカロンとカスタードを混ぜたものとシラバブ（砂糖などを加えたホイップクリーム）で層を作り、スグリのゼリーと砕いたビスケットを上に載せる。

かつては、アメリカの食料品店の店頭にもアメリカ風トライフルが並んでいた。1890年代になるとベリー風味のゼラチンを使ったインスタントゼリー「ジェロ」が登場し、1969年には混ぜると下からゼラチン層、ムース状の層、ふわふわしたシフォンの層と、3層になる魔法のゼリー「ジェロ1-2-3」が発売された。だが、残念ながらこの「魔法」は買い物客の関心を永久に引き続けることはできなかった。ジェロ1-2-3は30年後に製造を終了している。

幸い、ジェロサラダは1-2-3と同じ道は歩まなかった。「フルーツサラダ」という名のベリー味のゼラチン、マシュマロ、他には何が入っているのかよくわからないが、とにかくこれを混ぜ合わせたけばけばしい色のリング型ゼリーは、ジェロの全盛期だった1960年代からしぶとく生き残っている。この数十年で売り上げは減少したかもしれないが、アメリカ中西部の信心深い主婦は今もこの伝統を守ろうと全力を尽くしている［ユタ州を中心に、モルモン教徒は教会での集会にジェロサラダを持ち込むのが一般的とされる］。「オール・レシピ」や「テイスト・オブ・ホーム」など人気の素人料理サイトでは、薄暗い照明で撮られた何百ものゼリーサラダが紹介され続けている。

他にも、混ぜ合わせて作るアメリカのデザートにストロベリーディライトがある。材料はストロ

ビスケット生地にホイップクリームを載せた、昔ながらのアメリカ風ストロベリーショートケーキ。

ベリー味のジェロ、アンブロシアと呼ばれるフルーツサラダ、チーズケーキだ。まずグラハム粉を使ったクラッカーの上にやわらかいクリーム（たいていは「クール・ホイップ」という、ホイップクリームもどきの商品）、クリームチーズ、イチゴを載せ、小さなマシュマロや果物の缶詰と混ぜ合わせる。次にジェロのストロベリー味を注ぎ入れて固めたら出来上がりだ。このデザートはアメリカ中部で、持ち寄りの食事会や参加者が箱ワイン［内側はアルミ、外側はコック栓のついた紙でできた容器に入ったワイン］を大量に飲むベビーシャワー［出産前に妊婦を祝うパーティ］でも頻繁にテーブルに登場する。

●ストロベリーショートケーキ

中世時代のショートケーキはシナモンやショウガでイチゴに味をつけることが多く、パイ皮（または破れたパイ生地）に似た平たい生地で作られていた。１８６０年代になると、膨張剤の普及により現代のものに近いストロベリーショートケーキのレシピが登場する。『実用的な料理書 *The Practical Cook Book*』（１８６４年）ではレイヤーケーキのように層を重ね、間にベリーとクリームをはさむレシピが紹介されている。

１８７８年に『ニューヨーク・タイムズ』紙に掲載された同様のレシピでは、イースト、卵、バター、牛乳、砂糖にベーキングパウダーを加え、ブリオッシュに似たやわらかい生地を作るよう書かれている。この生地を、『実用的な料理書』のものと同様にショートケーキの個数分に分け、かなり薄い2枚の円形（『実用的な料理書』では１・５センチとされる）にする。これを重ねてオーブンで焼くと、ハンバーガーのパンのように膨らむはずだ。生地を熱いうちに1枚ずつオーブンから出し、新鮮なイチゴを軽くつぶしたものを間にはさんでまた重ねる。イチゴ、砂糖、クリームを上に載せて完成だ。

その後間もなく、イーストの代わりに重曹とクリームターターを混ぜたもの（ベーキングパウダーと同じ効果が得られる）を使い、スコーンに似た生地でストロベリーショートケーキが作られるようになった。『リンカーン夫人のボストン料理の本――調理においてすべきこと、すべきでないこと *Mrs. Lincoln's Boston Cook Book: What to Do and What Not to Do in Cooking*』（１８８４年）では、ショートケーキの生地を丸めて円形の型で切り取ってからオーブンで（または鉄板で）焼く。その後の手順は、現代のストロベリーショートケーキのレシピとかなり似ている。「約５００グラムのイチゴをつぶし、甘みを加え、生地1枚に対して大さじ1杯分を伸ばす。それをふたつ重ねたものにイチゴを丸ごと載せて砂糖をたっぷり振りかけ、クリームを添えて出す[10]」

イートンカレッジが発祥の「イートン・メス」は同じ1890年代初頭に生まれたストロベリーショートケーキの変形で、やわらかいビスケット生地の代わりにメレンゲを使って焼く。表面が割れたら成功だ。イートン・メスの高級版がパブロバで、これはベリーとホイップクリームをふたつの大きなメレンゲではさんだものだ。焼きメレンゲの代わりにマカロンを使う場合もある。

1980年代に少女たちが夢中になった、食べ物以外のストロベリーショートケーキもある。1980年に発売されたベリーの香りのする「ストロベリーショートケーキ人形」だ。この人形が人気を集めたことをきっかけに、ポップカルチャーの世界は瞬く間におもちゃ、アクセサリー、漫画、本、さらには家庭用ゲーム機「Atari2600」など、ストロベリーショートケーキ一色となった。また、同じ時期にストロベリーショートケーキというキャラクターに扮した女性による、子供向けの歌も数曲発売されている。1981年の『ストロベリーショートケーキ・ライブ』はやはり果物の名前がついた仲間とコラボしたお粗末なポップ・アルバムで、シュガーヒル・ギャングの「ラッパーズ・ディライト」のベリーバージョンや、クール&ザ・ギャングの「セレブレーション」が甘ったるく歌われている。

ストロベリーショートケーキ人形は21世紀になって進化した。スタイルは抜群になり、毛糸の巻き毛はさらさらヘアに、だぶついた白い半ズボンはカプリパンツに、ペットのおすまし猫カスタードは携帯電話に取って代わった。だがイチゴの香りは健在で、無邪気さと女の子らしさを絶妙のバランスで兼ね備えたいと考える少女は、このおもちゃにふれることで「理想的な」女性らしさを初めて認識するのだ。イチゴの香りの商品は少女だけでなく大人の女性向けにも開発されており、リップグロスやシャンプーからマッサージオイル、ラブローションに至るまであらゆるものに用いられている。

また、同じく香りつき人形の仲間——マーク・トウェインの名作にヒントを得たハックルベリーパイ、気取ったラズベリータルト、ストロベリーの親友でちょっと変わり者のブルーベリーマフィン——も、さまざまな変化を遂げながら現在も販売されている。

◉ブルーベリーマフィン

アメリカ人が大好きなブルーベリーは、長い間ぜいたくな朝食の象徴でもあった。1980年代後半から1990年代初頭にユダヤ教徒向けに登場したベーグルのように、本来のレシピでは使わない食品にもやたらとブルーベリーを入れたがる。「ベーグルの歴史における最悪の時代は、ブルーベリーベーグルが登場した時期だ。甘く、やわらかく、黒っぽい色をしていて、古いドーナツと見分けがつかない」と『ニューヨーク・タイムズ』紙に書いたのは、ジャーナリストのウィリアム・サファイアだ。この言葉に他の多くの評論家も大きくうなずいた。[11]

ジャムと果物をはさんだロールケーキ、ブルーベリーバンは何世代にもわたりトロントのユダヤ

ブルーベリーマフィン

人に愛されてきた――だが他の地域では知られていない――が、ブルーベリーベーグルは北アメリカ料理のまさしく底辺に位置している。控えめに言っても平凡さの塊、悪く言えば他文化を流用して生まれた醜悪な食べ物だ。アメリカのやわらかいベーグル自体、東欧の本格的なものとはすでにかけ離れているが、ブルーベリーを加えたのは明らかに失敗だったと見なされている。

ブルーベリーにもっとふさわしい菓子、それはマフィンだ。ブルーベリーマフィンはセブンイレブンで最も売り上げが大きいペイストリーで、それにはちゃんとした理由がある。やわらかなベリーがちりばめられたこのバター味の小さなケーキはコーヒーとの相性が良く、朝食や出先で食べるのにぴったりなのだ。

1830年代に発売されたアメリカの料理書にはケーキ状の焼きマフィンはほとんど載っていないが、約50年後、『リンカーン夫人のボストン料理の本』に「ハックルベリーケーキ」――現代のブルーベリーマフィンの原型とも言える——が登場した。それから10年もしないうちに発売された『ボストン料理学校の料理書 *Boston Cooking-school Cookbook*』にもベリーマフィンのレシピが掲載されている。マフィンはしばらくニューイングランド地方でのみ食されていたが（ブルーベリーがニューイングランドで多く収穫されることを考えれば当然のことだ）、やがてアメリカの他の地域にも広まった。数年後、シカゴを拠点とするルーファス・エスティスが著書『おいしい食べ物 *Good Things to Eat*』にブルーベリーを使った「ベリーマフィン」のレシピを掲載し、間もなく西海岸の新聞はブルーベリーマフィンを絶賛する記事をこぞって書くようになった。

◉ブルーベリーパンケーキ

昔からスカンジナビアでは、さまざまなパンケーキにリンゴンベリージャムをかけて食べる習慣があった。なかには「ブロッドプラッター」（「血小板」の意）と呼ばれる、ブタやトナカイの血を混ぜたパンケーキもある。パンケーキの歴史は古代ローマにまでさかのぼれるが、ブルーベリーが入ったものはアメリカが発祥だ。不思議なことに、19世紀末まで誰もそのアイデアを思いつかなかったらしい。スーザン・クーリッジによる児童文学『アイブライト *Eyebright*』（１８７９年）では、主人公はメイン州沿岸のカントリーハウスを訪れ、そこで初めてあるお菓子と出会う。

みなさんはブルーベリー・フラップジャックを食べたことがありますか？　メイン州の海沿い

で夏を過ごしたことがなければ、知らないのも無理はありません。これはべったりしたパンケーキのようなものです。生地とブルーベリーをかき混ぜて作るから、全体がまるで青あざみたいな色になります。仕上げに溶かしたバターと砂糖をたっぷり塗って出されるので、メイン州のこの海沿いの場所以外で食べたなら、急に具合が悪くなって死なないまでも、きっと消化不良を起こしてしまうでしょう。でも、なぜかここでならまったく平気だし、それどころかとてもおいしく思えるのです。少なくともアイブライトはそうでした。彼女はこのフラップジャックをたらふく食べ、とても気に入りました。その夜はぐっすり眠り、変な夢を見て目を覚ますこともありませんでした。[12]

ブルーベリーパンケーキがニューイングランド地方からアメリカ全土に広まるまで時間はかからなかった。もっとも、現在ではどこの地域でもあざのような色になるまでベリーを混ぜこむことはなく、そっと生地に載せる程度だ。ブルーベリーマフィンと同様に、ブルーベリーパンケーキの初期のレシピも地域によって違いがある。『リンカーン夫人のボストン料理の本』には、ハックルベリーを鉄板で焼いたケーキの最も古いレシピが掲載されている。

●菓子類

ベリー味のキャンディやお菓子は、世界中の甘党に愛されている。ベリーとチョコレートの組み

本物そっくりの、ハリボ社のラズベリーとブラックベリーのグミ。

合わせは、バレンタインデーにごく普通のデートをした経験のある人ならすぐに思い浮かぶはずだ。イチゴのチョコレートがけは１９８０年代のアメリカの安っぽい派手さの象徴のようにも思える。１９６０年代に流行したフォンデュをもっと手軽に楽しむという意図はわかるが、実にくだらない代物を作ったものだ。

一方、果実の砂糖漬けは特に新しいものでも、成金の道楽から生まれたものでもない。中国の人々は昔からホーソーンベリー（サンザシ）の実を砂糖漬けにしてよく食べていた。中国北部では、子供時代の思い出に糖葫蘆《タンフールー》は欠かせない。これは小ぶりのリンゴほどのホーソーンベリーを丸ごと竹串に刺し、飴でコーティングして胡麻をまぶしたものだ。最近では露店で売られており、イチゴやブルーベリーの糖葫蘆《タンフールー》も一般的になった（中国では他にもホーソーンベリーを使った食べ物が人気で、たとえば少し酸味のあるホーソーンベリーの果肉を薄い円盤型に乾燥させた山査餅《サンザーピン》などがある）。

ロシアの市場で見かけたクロスグリのゼフィール

もちろん、ベリーの砂糖漬けが好きなのは中国人だけではない。ドイツのキャンディーメーカー、ハリボは本物さながらのベリー味のグミ「ラズベリー」を製造している。数世紀前には、グルジアの菓子職人たちはグースベリーの「ホップ」にかなり傾倒していた。

『完璧な主婦』（1727年）で紹介されている「グースベリーをホップ状に保存する方法」の最初のレシピでは、ベリーを「細長いトゲ」に刺すように指示している。[13] 後に『主婦の料理指南書 *The Housekeeper's Instructor*』（1792年）に記載されたレシピではもっと安全になっているが、それでもかなり複雑な作業が必要だ。柄についたままのグースベリー5～6個の頭部を4等分に割き、90度ずつ交互に重ねていくとホップの実のようになる。その後、針と糸でグースベリーを結びつけてしっかりと固定し、濃厚なレモンジンジャーシロップで砂糖漬けにするのだ。

ロシアでは何世紀にもわたってベリーを使ったさまざまな菓子が愛されてきた。特に人気のゼフィールはマシュマロに似たメレンゲ菓子で、チョコレートでコーティングされているものもある。ゼフィールという名は、軽やかなその外見からギリシアの風の神ゼピュロスにちなんでつけられた。15世紀にロシアの菓子職人によって考案され、伝統的にリンゴのピューレが使われている。味つけには酸味のあるベリー（リンゴンベリーやローワン）をつぶしたものを加えることが多い。ゼフィールはマシュマロとトルコ菓子をかけ合わせた伝統的なロシア菓子パスチラから派生したものだが、現在のゼフィールが誕生したのはフランスの菓子職人がメレンゲを加えることを思いついた19世紀だ。パスチラやゼフィールはロシアの都市コロムナの食文化を代表する菓子であり、市内には「パスチラ博物館」もある。

●スープ、ポリッジ、飲料

スノースポーツが好きなヨーロッパ人は、温かいピューレ状のベリー、たとえばビルベリーのスープ――スウェーデンではブローベルスソッパ、フィンランドではムスティアカケイットと呼ばれる――などを好む。飲むキセリとも言えるこのスープは温製でも冷製でもいいが、スキーをした後にマグカップで飲むのが一般的なので、温かいほうがいいのかもしれない。保温製のフラスコ瓶に入ったブローベルソッパは、スウェーデンで開催されるクロスカントリースキーレース「ヴァーサロペット」の非公式飲料だ。他のベリースープは東欧でもスキーに関係なく広く親しまれている。

オスマン帝国の料理、ベリーのシャーベットは飲み物とスープの中間に位置しており、グラスで飲んでもスプーンですくって食べてもいい。1830年代、ドイツの王室に仕えていた菓子職人フリードリヒ・ウンガーは、イスタンブールの菓子職人がラズベリーとバーベリーを含む12種類ほどの味のシャーベットを作っていたと書き留めている。シャーベットは最終的には冷菓ソルベへと進化するのだが、シャルバット（sharbat シロップと同様、アラビア語で「飲む」という意味のshariba に由来する）は今でも中東やアフリカ北部で人気の甘い飲み物だ。これが元になって、17世紀のイギリスで酢をベースにした甘いベリーシロップ、シュラブが作られるようになった。

ベリーシロップはやがてさまざまな飲み物のベースとなっていった。そのなかには南北アメリカ以外の各地で飲まれているスパイスの効いたベリースカッシュもあり、これにラズベリービネガーを混ぜて飲む場合もある。粉末ジュースのクールエイドはもともとシロップで作られていたが、1920年代に輸送コストを下げる目的で粉末化された。味は6種類で、最初に発売されたラズベリーとストロベリー味は今でも販売されている。余談だが、集団自殺や上位者への妄信を意味する「クールエイドを飲む drink the Kool-Aid」という言いまわしがある。これは、宗教団体を立ち上げたジム・ジョーンズに洗脳された907人がクールエイドを飲んで集団自殺をしたとされる1978年の「ジョーンズタウンの集団自決」事件に由来している。もっとも、このとき実際に使用されたのはクールエイドの廉価版、競合ブランドのフレーバーエイドだ。信者たちはこれに青酸カリと鎮静剤を混ぜて飲み干した。ちなみに、味はグレープ味だった。[14]

●ジュースとスムージー

悲惨な事件に巻きこまれてしまったフルーツ味の飲料とは逆に、ベリー系のスムージーは健康に良いというふれこみで1960年代に登場した。少女たちの短いソックスが流行った1950年代がハンバーガーとミルクセーキの時代だとすれば、グルーヴィーな1960年代はグラノーラとスムージーに代表される。スムージーは、乳製品アレルギーだったスティーブ・クノーというソーダ店主によって発明された。彼は1973年にルイジアナ州に健康食品店を開き、果物とビタミンとタンパク質たっぷりの新しい飲み物――すなわちスムージーを販売する。これが人気を呼び、1989年にはスムージーキングという店を立ち上げた。現在では国内に550店舗以上を展開し、何でもジュースにして飲む風潮に拍車をかけている。今では世界中でスムージーが飲める時代だ。マクドナルドでさえベリースムージーを販売している。

ベリーの紅茶やその他の飲み物は、ヨーロッパでは長い歴史がある。たいていはクランベリーやリンゴンベリーで作られるモルスは、何世紀にもわたってロシア料理の食生活の一部だった。さまざまな家庭の決まりを収録した16世紀の百科事典『家庭訓 *Domostroy*』は、手に負えない息子をこらしめるためのアドバイスからおいしいモルスの作り方まであらゆる内容を網羅している。現在の飲料でモルスに一番近いのは、クランベリー栽培の協同組合「オーシャンスプレー」が発明した市

この南国スタイルのモスコー・ミュールのように、クランベリージュースはよくカクテルに混ぜて使われる。

スロバキアのベリーフレーバーティー

販のクランベリージュースだろう（紙パックのジュースや食料品店のジュース陳列棚もこの会社が考案した）。

さまざまなベリーで作られるコンポットという飲み物は、果物を丸ごと保存する方法として考案されたものだ。南欧、中欧、東欧、そして中央アジアでもよく飲まれているが、1980年代になってこれらの地域に瓶ジュースやソーダが登場したことで、人気に陰りが見え始めている。

禁酒法以前のアメリカではベリーのジュースはアルコール飲料の代替品として非常に人気があり、今でも熱烈な固定ファンがついている。禁酒法時代には生計を立てるために全面的に炭酸飲料の生産に切り替えた醸造所もあった。ヘンリー・ワインハード社（1856～1999年営業）はこの時代に数ブランドのソーダ（ローガンベリーやストロベリーを使用したものを含む）を製造し、「子供でも安心して飲める」というふれこみで販売した。[15] ベリー風味の炭酸飲料は1世紀以上にわたる安定した主力商品だ。クラッシュというブランドにはベリー味（ブルーラズベリーなど）がいくつかあるし、ファンタも例外ではない。他にもオーストリアのクラヘル、エクアドルのオランジーナとトロピカル、ハンガリーのマルカなど、世界には数十種類の炭酸飲料ブランドがある。

●ベリービール、エール、シードル

当然ながら、ベリー味の炭酸飲料に少々アルコールが入ったものを好む人もいる。オーガニックでグルテンフリーを謳う、今どきのアサイーベリー「健康」ビールに眉をひそめる気持ちもわかるが、実はベリーのビールは何世紀も前から存在していた。ウェールズのドルイドが起源とされるオールドエール「エルビウム」はイギリスの古い醸造指南書に数多く登場し、19世紀にはアメリカのレシピ本にも掲載されている。このレシピでは風味づけにドワーフ・エルダーとも呼ばれるニワトコの実が使用されている。現在、スコットランドのウィリアムズ・ブラザーズ醸造所ではこのレシピに加え、昔のレシピを再現した海藻とマツの実のエールも製造している。

ドイツ人が12世紀にビール醸造にホップを使い始める前は、チェッカー（またはワイルドサービス）と呼ばれるローワンの実が、エールに似た飲料「チェッカーエール」の風味づけに使われていた。チェッカーエールハウスという名称は、チェッカーエールが飲める店ということでついたのかもしれないし、昔からチェッカー盤がパブの象徴であることに関係があるのかもしれない。だが、もともとこの名はローマ人によってもたらされたものだ。古代ローマではエールハウスが簡易的な銀行の役割も果たしており、その象徴としてチェッカー盤が使われていた。イギリスの博物学者パトリック・ローパーは「ローワン、ホワイトビーム、サービスツリー」という自身のブログで、「チェッカー」とつく名のパブはケント州、サセックス州、サリー州周辺に多く、19世紀初頭の調査でもそのことが証明されていると述べている。[16]

1828年に出版されたフランスの醸造指南書には、「女性向けのラズベリービール」の醸造方法が記載されていた。[17] 現在、ベルギーのヘント近郊では300年の歴史を持つヒューグ醸造所でイチゴビール「フルーリ」が作られている。ベリービール製造の名人芸はベルギー人が受け継いだというわけだ。似たようなビールに「ランビック」と呼ばれるものがある。これは野生酵母とブリュッセルにあるゼンヌ渓谷のバクテリアで醱酵させた、酸味のあるシードル系のベルギービールだ。ランビックはベルギーで最も有名なフルーツビールで、ラズベリー、クロスグリ、イチゴなどのベリー類、またゆずらしいところではクラウドベリーが原料だ。有名なブランドのひとつ、リンデマンスは1822年からランビックを生産しているが、1980年にラズベリー味を導入するまで味はチェリー1種類だけだった。1986年にはクロスグリ味が加わっている。

シードルもベリーによって進化してきた。酸味のあるクランベリーは昔ながらのアップルシードルに適しており、ベルギーのシードルメーカー、リュウェー（1898年創業）はエルダーベリーシードルを製造している。ラズベリー、ブラックベリー、クロスグリは世界中のシードルに使われており、ローワンはドイツのアップルワインの風味を高めるために長年用いられてきた。

●ベリーワイン

ワインと言えばブドウを連想しがちだが、ブドウ以外のベリーを使ったワインにも同じくらい長い歴史がある。現在よく目にする一般的なワインが発明される前、紀元前７０００～５６００年頃には中国でブドウとホーソーンベリーからワインが造られていたと言われている。古代ローマの料理書『アピシウス』にはマルベリーをワインに漬けるとよいと書かれており、16世紀のロシアの家庭訓『ドモストロイ』にもベリーのハチミツ酒のレシピに「どんな種類のベリー」でもよいという記述がある。[18] 韓国では昔から秋になると、ブラックラズベリーを原料とする覆盆子《ポップンジャ》が北漢山《プカンサン》国立公園の入口付近で売られている。覆盆子《ポップンジャ》は男性の生殖機能を高めると考えられているそうだ。マルベリーとエルダーベリーのワインは、古代から現在まで世界中で愛されてきた。18世紀半ばにハナー・グラスはさまざまなカントリーワインのレシピを紹介している。原料はエルダーベリー（彼女いわく「フロンティニャックやモスカートなどのブドウ品種に似た」ものも含む）、ブラックベリー、グースベリー、そしてスグリだ。チャールズ・カーターの『都会および田舎の完璧な料理――または完璧な主婦 *The Compleat City and Country Cook; or, Accomplish'd House-wife*』（１７３２年）にも同じベリー類を使ったレシピの記述がある。『蒸溜酒製造者の指南書 *The Distiller's Guide*』（１８１８年）にも同じベリー類を含む「イギリス原産のベリー」、さらにはイチゴ、ラズベリー、デューベリーを原料とした「イギリスワイン造りの技術」の説明が記載されている。[19] 1920年代にはコーシャ［ユダヤ人が宗教的に食べて問題ないとされる食品］を提供するアメリカの食品会社、マニシェヴィッツが過越祭用ワインの製造を開始し、そのうちローガンベリー、エルダーベリー、ブラックベリーのワインも生産するようになった。

チョークベリーはリトアニアではワインにも使われるが、バルカン半島諸国では紅茶に入れることが多い。乾燥ベリーを使用した紅茶は他にもいろいろあり、たとえばトワイニングのワイルドベリーティーにはクロスグリ、ブルーベリー、ラズベリー、イチゴなどが使われている。

●フレーバースピリッツ

初期のスピリッツ［蒸溜酒全般を指す］はジュニパーベリー――ベリーと言っても、厳密には実ではなく球果だが――で風味づけをしていた。1780年代に神学者ジョン・ノックスは、ハイランド地方では朝食前にウイスキー、ジン、ラム酒、ブランデーを「そのまま、またはヒースの間に生っているベリーを漬けて」1杯飲むことが健康的とされる、と書き記した。それ以来、ベリー風味のスピリッツは人々に愛され続けている。

さまざまなベリーがウォッカやラム酒、テキーラに用いられてきたが、味はベリー好きの女子学生が想像するようなおいしいものではないかもしれない。だが、ブランデーはベリーの風味にぴったりの飲み物だ。たとえばラズベリーは、ドイツやアルザスで飲まれるシュナップス［無色透明でアルコール度数が高い蒸溜酒」の「ヒンベアガイスト」などに味わい深い風味を加えている。ラズベリーブランデーの造り方は1730年代に出版された蒸溜酒製造者向けの指南書で紹介されているが、『蒸溜酒製造のすべて *A Compleat Body of Distilling*』には「ラズベリーブランデーにはチェリーブランデーほどの国内の需要はない」と書かれている。[20] この本ではエルダーベリーを使ったスピリッツの造り方も紹介されている。1818年に出版された別の指南書にも同様のレシピが多く含まれ、ブランデーにラズベリージュースを混ぜるなど代替品を使った簡単なレシピも掲載されている。味は「とびきりおいしい」ということだ。

19世紀初頭の複数の文献によれば、中央アジアのクリミア・タタール人はブラックソーンと野生のベリーから「アラッキ arraki」という褐色の蒸溜酒を造っていたとされている。現在製造されているインドネシアのアラック（arrcak）と中東のアラク（arak）という蒸溜酒にはベリー類は一切含まれていない。他のタタール料理がチュルク系の起源を持つことを考えると、アラッキという名前は中東のアラクから派生した可能性が高い。イラン、アルメニア、コーカサスに住む人々は、ウォッカのことを話し言葉で「アラー aragh」と呼ぶ。

スピリッツを指す別の言葉、「ラカ raka」はベリー類を加えることで進化を遂げた。シベリアがロシア領になる前、カムチャッカの人々は「甘い草」を意味する「スラットカイア・トラヴァ slatkaia trava」（植物学者は「スポンディリウム・フォリオール・ピンナティフィダ spondilium foliole pinnatifide」と呼んでいた）という植物から蒸溜酒を造っていた。これはおそらく学名 *Heracleum sphondylium*、すなわちハナウドという植物のことだと思われる。ハナウドは「草」ではないが、「甘い草」という表現はこの植物の特徴をよく表している。

「甘い草」の特徴について最も的確なのは次の文章だ。「汁がつくとひどい炎症を起こすので、食べる際には唇にふれないように細心の注意を払う必要がある。もしふれたら唇に大きな水ぶくれができるだろう」。ハナウド（巨大なアンゼリカの仲間）にふれた経験のあるハイカーなら誰でも、痛みを伴うひどい皮膚炎になることもめずらしくないと知っているはずだ[21]。この甘い植物から造ったラカは野生の「ジモロスト」、すなわちブルーハニーサックル（別名ハスカップ）で風味づけされていた。1780年代にカムチャッカを旅したフランスの外交官バルテルミー・ド・レセップスは、「このラカを飲んだら夜には興奮状態になり、翌日には憂鬱で不安な気持ちに襲われるだろう」と述べている。「だがこうした欠点にもかかわらず、地元の人々はこの酒をかなり頻繁に飲んでいる[22]」

●コーディアルとリキュール

果物を使ったスピリッツは一般的にラタフィアとして知られており、少なくとも17世紀後半には存在していた。もともとは核果類《かくか》から作られていたが、この200年はスグリ、ラズベリー、マルベリー、グースベリーなどベリー系のラタフィアも飲まれており、レモンピール、シナモン、クローブなどで風味づけされている。ラタフィア（ratafia）（後に「ラティファイ ratify」）という名前は、イタリア語で「承認」や「乾杯」を表す「ラタ・フィアット rata fiat」に由来している。

有名なラタフィアにラタフィア・ド・カシスがあり、現在はクレーム・ド・カシスとして知られている。このリキュールは、１７７７年に妊婦向けにフランスで出版された『妊婦の指南書――出産時の注意や母乳で育てるために必要なこと』で食前酒として推奨されている。現在、このリキュールはフランスのキールなどにも重宝されており、特にシャンパンにクレーム・ド・カシスを入れて作るキール・ロワイヤルは格別の味だ。また、アップルシードルに入れて作るサイダー＆ブラックという飲み物もある。

他にもベリー系リキュールは世界中のボトル棚を飾ってきた。ジェリー・トーマスの著書『カクテルの作り方または美食家の友 *How to Mix Drinks; or the Bon Vivant's Companion*』（１８６２年）には、ベリー系リキュールやマラスキン（マラスキーノ）のレシピがいくつか掲載されている。ラズベリー風味のシャンボールは、17世紀にルイ14世がロワール渓谷で楽しんだラズベリーのリキュールにヒントを得て造られたものだが、生産が始まったのは１９８２年以降のことだ。ラップランドの人々は北極圏のブランブルベリー、ホートルベリー、クラウドベリーからさまざまなリキュールやスピリッツを造り、またフィンランドの甘いクラウドベリーリキュール「ラッカ・リクーリ」を飲んで寒い夜に体を温めてきた。ドイツにはブラックベリーのリキュール「エヒテ・クロアッツベア」、イタリアにはイチゴ風味の「フラゴリ」がある。

◉カクテル

カクテルはソーダ水で作ることもできるが、シュラブ（柑橘類のリキュールとは別物）と呼ばれる甘くベリー風味の強いビネガーシロップも、パンチなどのカクテルを割るのに用いられる。多くの発明と同じく、シュラブは17世紀に植民地時代のアメリカにもたらされたもので、ベリーを保存するためにキール・ロワイヤルと同じ方法で作られていた。現在は昔ながらのカクテルがリバイバルする傾向にあり、シュラブもふたたび注目を浴びている。

ベリーは夏に収穫したものが最もおいしいことから、ベリー系の飲料は冷たいほうが好きだと言う人が大半だろう。夏だけでなく一年中冷たいベリー飲料を飲みたい人にぴったりなのはジャムを使った飲料だ。もともとベリーのシロップはヴィクトリア朝時代のカクテル数十種類に使われており、家政指南書や薬の説明書、その時代の紳士のテーブルマナー書にも、ベリーと砂糖を混ぜて飲み物に加えるという記述が散見される。また、新鮮な果物が手に入らないときにはジャムをカクテルに混ぜることがあった。現在は一般的となったスマッシュという名のカクテルは、早くも1850年代にはカクテルメニューに名を連ねている。

コブラー（cobbler）といえば焼き菓子を思い浮かべるが、19世紀に活発になったカクテル文化のなかで生まれたカクテルの名でもある。シェリー酒やポートワインをベースに、柑橘類と砂糖を加えてシェイクし、砕いた（cobbled）氷を入れて供される。ベリーを添えることも多い。ジェリー・

クロスグリのリキュールを加えたキール・ロワイヤル

レモンの薄切りをあしらったベリーのシュラブ

トーマスは『カクテルの作り方または美食家の友』のなかで「コブラーの配合はさほど難しくない」と書いている。「しかし、味だけでなく見た目もよくするためには、作った後にグラスを美しく盛りつける必要がある[23]」。この本のイラストと説明によると、「美食家にふさわしい」コブラーを作るなら、ベリーが日立つようにグラスを飾ることが最も重要らしい[24]。

ベリーのカクテルは夜を締めくくるのにぴったりだが、永遠に続く夜をもたらすのにもベリーが利用されてきたことは歴史が示す通りだ。

第5章◉毒でもあり、万能薬でもあり

ベリーは「スーパーフード」であり、がんを治したり寿命を延ばしたりすると言われる一方、洗剤などの家庭用品を除けば中毒事故の原因の第1位にも挙げられている。人類は昔から薬草代わりにベリー類を重宝してきたが、健康に害を及ぼす原因になることもありうるわけだ。多くの薬用植物には危険な近縁種があり、健康によいと信じきっている人にジキルとハイドのような二面性を見せるものもある。厄介なことに安全な部分と有毒な部分を合わせ持つ植物もあり、たとえばジャガイモには食中毒を起こしかねない量のソラニンが含まれる場合がある。イチイの「実《ベリー》」、正確には種衣《しゅい》と呼ばれるものだが、これは非常に甘く食用になる。だがそのなかにある種《たね》は有毒であり、また樹皮はがん細胞すら破壊するほどの猛毒を含んでいる。

イチイは種衣以外、どの部分にも毒がある。

◉毒薬としてのベリー

かつてイングランドのシェフィールドでは、隣人の悪口をふれまわる意地の悪い女性は俗に「ポイズンベリー（有毒なベリー）」と呼ばれていた。もっとも、人間のポイズンベリーは風紀を乱すだけだが、植物のポイズンベリーはそうはいかない。ベリーは有毒なグルコシドやアルカロイドを放出することで、種をまき散らすことなく実を食べる生物（つまり種を遠くに運んでくれない、植物の繁殖には役に立たない生物）――おもに哺乳類が実を食べないようにしている。だから、鳥が安全なベリーを教えてくれると安心するのは間違いだ。有毒なベリーをたくさん食べて種を広く大地にまき散らしてくれる鳥は、ベリーの種の毒の影響は受けない。たとえば有毒なポークベリー（ヨウシュヤマゴボウ）の実をいくら食べても鳥なら大丈夫だが、人間の子供はひと握り

クリスマスを思い出させるヒイラギの実だが、有毒なので食べることはできない。

ほどの量でも死に至る場合がある。

植物の王国には猛毒を持つ植物があふれており、何千年もの間毒殺者は材料に困ることはなかった。毒殺の定番であるベラドンナなどナス科の有毒種以外にも危険な植物は多い。一見安全そうなベリーのほうが実は厄介で、特に子供は注意が必要だ。ヘデラやアメリカヅタは牧歌的な印象の植物だが、油断して紫色のみずみずしい実を食べると大変なことになる。また、ヤドリギの実は光沢のある白いグースベリーに似ているが、ヒイラギの実と同様に毒がある。もし口にすれば、クリスマスの楽しい団らんが一転して悲劇になりかねない。幸い、いま挙げたベリーはどれもかなり苦いので、誤って大量に食べて大事に至ることはまずないだろう（ただしよちよち歩きの幼児は、大人が気をつけていないとアライグマの糞をベリーと間違えるという危険は残っている）。

長い間、植物性毒物は敵を始末する手っ取り早い方法として用いられてきた。マクベスは1040年に王の座に就く前、スコットランドに侵入してきたデンマークの軍隊をドウェール（ベラドンナ）で毒殺したと言われており、その1000年前には、マルクス・アントニウスの軍隊を阻むために同じ毒草が使われた。

●ガリアのロクスタを呼べ

古代ローマ皇帝の妻は、酒浸りで役立たずの残忍な夫が邪魔になったらどうすればいいだろうか？そう、毒殺者を呼べばいい。こうして呼ばれたのがガリアのロクスタだ。

紀元1世紀、ネロの母アグリッピナは夫で叔父でもあるローマ皇帝クラウディウスを殺害するために、歴史上初の毒薬使い——少なくとも文献に登場するのは初めてだ——ロクスタを雇ったとされている。クラウディウスが殺害された後、ロクスタはその罪で起訴された。継父で大叔父でもあるクラウディウスの後継者として皇帝となったネロ——義理の妹でいとこでもある、クラウディウスの娘と結婚していた——はロクスタの命を救い、お抱えの暗殺者として雇い入れる。そして、自分の王位を脅かす存在を排除するため、ロクスタに義理の弟ブリタンニクスを毒殺させた（何度かの失敗を経て正確な致死量を割り出したという）。

その3世紀後、ローマにふたたび毒殺事件が起こる。「毒殺婦」と呼ばれる366人もの女性がさまざまなナス科の有毒種の実や他の材料を調合し、致死性のある毒薬を作った罪で告発された。[1]

猛毒を持つナス科の植物

◉毒殺の手引書

19世紀初頭、世界初の毒物学者マチュー・オルフィラは、ベラドンナ（ナス科の植物のなかでも猛毒を有する）は幻覚を誘発する性質を持つ麻酔薬と位置づけたが、ベラドンナの実は女性が夫をさっさと片づけるのに重宝されてきたのは歴史が示すところだ。クラウディウスのキノコ料理に入れる毒薬として使われた他にも、17世紀のイタリアで600人の男性の命を奪ったヒ素と鉛を含むトファナ水にも混入され、効き目を強めたと言われている。トファナ水はジュリア・トファナという女性がみじめな結婚生活を送る何百人もの女性に配ったものだ（当時、特に貧困層の女性には横暴な夫から逃げる手段はほとんどなかった）。18世紀のある文献には「ナポリでは、化粧室の棚の香水に交じってこの毒薬を置いていない女性はいなかった。自分だけがわかる薬瓶に入れて並べておくのだ」と書かれている。[2]

ベラドンナの実が中毒事故の原因になることはめったにない。光沢のある黒い実はおいしそうに見えるが、「吐き気を催すような味だ」と『毒物に関する論文 *A Treatise on Poisons*』（1845年）で警告されている。[3] ベラドンナのおもなアルカロイド、アトロピンは最初に喉の乾燥を引き起こす。次に目の瞳孔が拡張するが、多くのイタリア人女性はこれを知りながらもあえてベラドンナを摂取していた。瞳孔が開くと一時的に目が大きくなり、その名の通り「美女（belladonna）」に見えるからだ。次に、「多くの場合、極端な」せん妄状態が訪れる。「最も多い症状はかなり陽気になること

19世紀に描かれたベラドンナの絵。古代の毒殺者たちはしばしばこの実を利用した。

で、むやみやたらと大笑いしたり、絶え間なくしゃべり続けたりする。逆に、まったく声が出なくなることもある」[4]。また、夢遊病のような状態に陥り、まれに痙攣《けいれん》が起こったりもする。強盗がベラドンナを被害者に投与してもうろうとさせ、そのすきに犯行に及んだという事件も発生している。

別の有毒なベリー、ベインベリー（学名 *Actaea spicata*）はその守護聖人にちなんでハーブ・クリストフォロスとも呼ばれている。ベインベリーは疫病に効果があると考えられていたが、これはある意味で理にかなっている。もし病気の苦しみに終止符を打ちたければ、この実を2、3粒食べれば願いはかなうだろう。ベインベリーは長い間魔術の手引書に記載されていたが、これはおそらくこの植物が魔術に関係の深い生き物たちと結びついているためだ。18世紀の植物関連書には「ヒキガエルはこの植物が放つ悪臭に惹かれて実を食べる」と書かれている[5]。ベインベリーの毒はベラドンナのように陽気さをもたらしてはくれず、すぐに口の中がかっと熱くなり、胃の痙攣と嘔吐が30分ほど続く。そのため、命を落とすほどの量を食べるのは難しそうだ。

味の悪いベリーの大半は、何度も口にできる代物ではない。味を我慢してでも食べたい理由がない限りは。

◉万能薬

インディーズロックバンドのグリズリー・ベアーが歌う「クロスグリのジャム」は、おそらく果物のジャムをテーマにした世界唯一の曲だろう。彼らはジャムのすばらしい特徴を称え、軟膏代わ

ドイツで売られている、シーベリーの瓶ジュースとジャム。

りに使うという耳より情報も教えてくれる。新鮮な果物が健康にいいことは誰もが知っているが、ベリー類の別の効能も何千年も前から周知の事実だった。ベリーはとてもいい薬になるのだ。

　アメリカ先住民は生殖機能を高めるものから解熱作用のあるものまで、さまざまなベリーを使っていた。シーベリーについては古代ギリシアの植物学者テオプラストスやディオスコリデスもふれているが、過去10年間の臨床試験でがん治療における効果が確認されている。紀元2世紀の医師ガレノスは『食物の性質について *On the Properties of Foodstuffs*』のなかで、ブラックベリーには下痢を止める作用があり、マルベリーは消化を助けると述べた。リンネは自分の通風をイチゴで治したと主張している。また、チェッカーベリーの薬効は、その学名

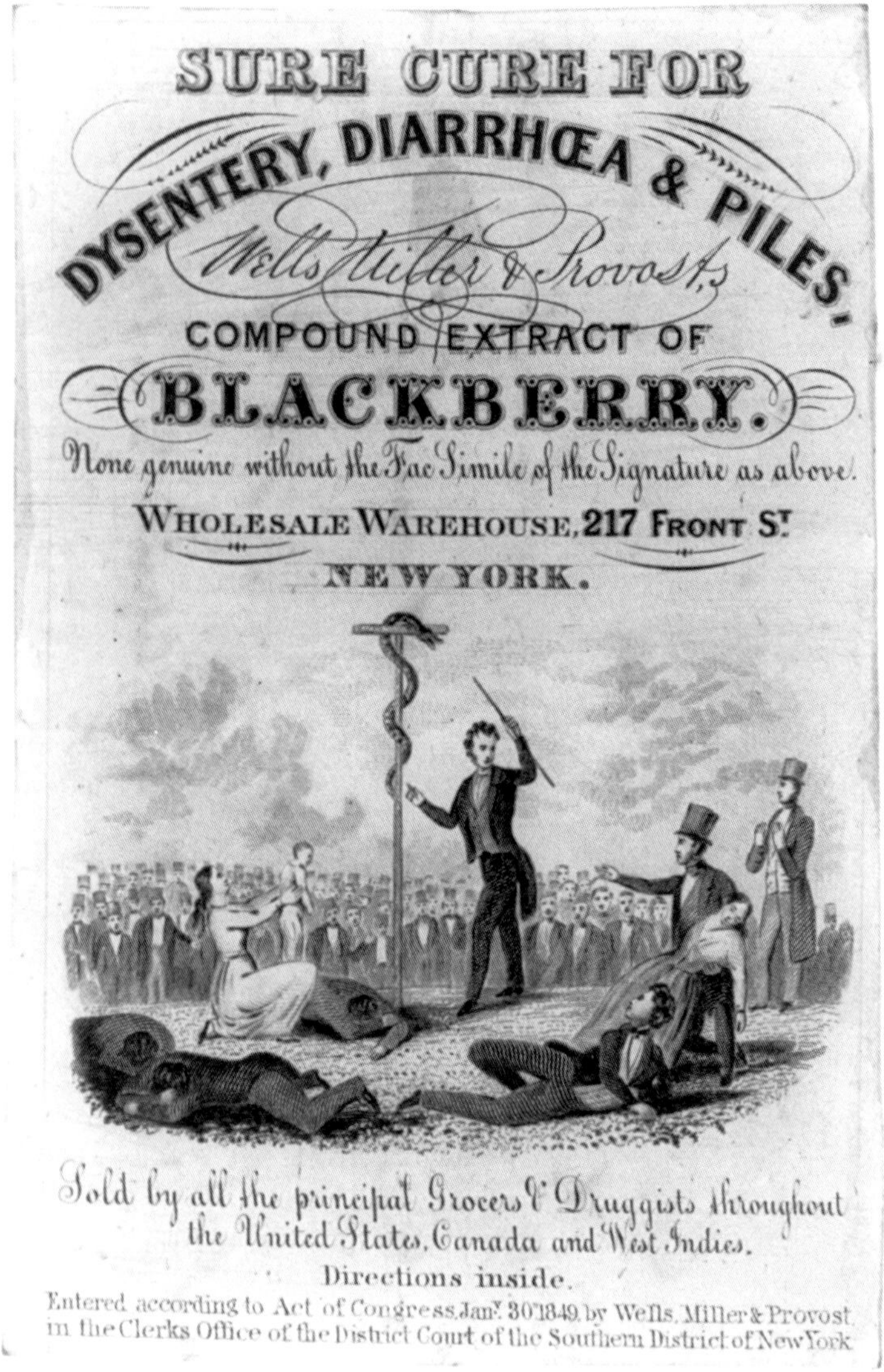

ブラックベリーエッセンスの1849年頃の広告。ブラックベリーのシロップは何世紀にもわたって薬として用いられてきた。

torminalis が意味するように「急な腹痛に効く」。

ブラックベリーのシロップは昔から子供のコレラ、赤痢、夏の体調不良を治療するのに使用されてきた。20世紀に入って近代医学が本格的に発達するまで、多くの人は体調を崩しても医者には行かず、料理本を頼りにした。昔の主婦たちはぞっとするような瀉血［体内の有害物を血液とともに外部に排出させるという治療法］よりも、ブラックベリーをアルコールに漬けた強壮剤を好んだようだ。

1800年、ハナー・グラスとマリア・ウィルソンは、ベリー類のワインが「熱病や肺の病気によく効き、疫病を予防し、食欲を増進させ、消化を助け、栄養補給に優れ、血液を浄化する」ことを発見した。[6] クロスグリを使ったイギリスのリベナ（スグリの学名 *Ribes* にちなんでつけられた）など現代のベリー飲料は、第二次世界大戦中にビタミンCを補うために開発され、今も健康によいとして世界中で飲まれている。

●エルダーベリー——万能の特効薬

ジョセフ・ケッセルリングの戯曲「毒薬と老嬢」では毒入りのエルダーベリーワインが殺人に使われたが、本来エルダーベリーワインには薬としての長い歴史がある。ハナー・グラスとマリア・ウィルソンの著書には「よく効く解熱剤であり、血液中の酸や毒、腐敗を浄化する」と書かれている。「はしか、天然痘、豚痘《とんとう》［ブタがかかる病気］、疫病に効果がある。体を休めるのにも役立ち、また脳に悪影響を及ぼす高熱を下げる」[7]。そして、もしたらふく飲めば脳によい影響を及ぼして上機嫌になれるかもしれない。

　大プリニウスが述べたように昔から植物はすべての部分が利用されてきたが、最も利用頻度が高かったのは実の部分だろう。『エルダーベリーの構造 *Anatomia Sambuci*』（１６７７年）という本の概要には「多くの最も根本的な病気に用いる手近で安全性の高い具体的な治療法——根拠と経験と歴史によって証明された治療薬」と書かれている。[8] この文献では、エルダーベリーは複数の子宮疾患、潰瘍、狂犬病の傷を癒やし、てんかんやペストを治すのに適しており、病気に対する万能の予防薬でもあると言及された。また、「ロブ」（ベリーで作った甘いコーディアル）はさまざまなチンキ剤を作るのにも使われたが、病気の乳児を母乳で育てている母親はロブをそのまま飲むことが推奨されていた。

　エルダーベリーは他のどのベリーよりもフラボノイドの含有量が多いが、何千年にもわたってさまざまな病気の治療に使われてきたにもかかわらず、抗酸化物質としての有効性を認めるのに十分な研究はいまだ行われていない。それでも、エルダーベリーのシロップやのど飴は、風邪や副鼻腔《ふくびくう》炎《えん》の症状を和らげる目的で多くの自然食品や健康食品に配合されている。スイスのリコラ社はビルベリー、ラズベリー、スグリ、エルダーベリーを濃縮したエキスとハーブパウダーを含んだミックスベリーのど飴を製造している。これは１９４０年代以来同じ製法で作られている10種類の「魔法のハーブ」のうちのひとつだ。薬としての効果がさらに高そうなベリー製品がお望みなら、市販の、または病院で処方される咳止めシロップにもベリーはよく用いられている。

中国の露店で売られている糖葫蘆（タンフールー）（ぱりっとした飴でコーティングされたサンザシの実）。

◉漢方薬

中国のデザートといえば卵や米を使ったプディングにタルト、カスタードなどが一般的で、ベリーは菓子ではなく薬として用いられることが多い。また、薬と甘いお菓子というふたつの顔を持つベリーも存在する。中国のホーソーンベリー、別名サンザシは宋の時代（960～1279年）の文献のなかに登場し、以来800年間も砂糖漬けのおやつとして路上で売られてきた。サンザシについてはこんな伝承がある。皇帝のお気に入りの側室が病気になり、すっかり食欲を失ってしまった。そこで医師が毎日10個のサンザシの砂糖漬けを与えたところ、2週間で完治したという。この話はあっという間に広まり、飴で固めたビタミンCたっぷりのこの菓子は大人気となった。

赤っぽい小さな円盤型の山査餅《サンザーピン》もサンザシを

使った菓子で、薬用としての効果もある。これはサンザシを砕いて焼き、甘く味つけしたもので、苦い漢方薬を飲みやすくする工夫であり、山査餅《サンザーピン》自体が薬にもなる。歴史的には腸内の寄生虫を殺す子供用の虫下しとして使われてきた。現在、山査餅《サンザーピン》を濃い薔薇色にするための赤色の色素は数か国で禁止されている。

中国には、出産直後の母親が１か月間飲むべきとされる伝統的な「制限食」のひとつとして烏《う》骨鶏《こっけい》［鶏の一種。皮膚から骨まですべて黒いのが特徴］とゴジベリーを使った薬膳スープがある。烏骨鶏の黒い小さな身を煮こんだスープは母乳の出を良くし、ゴジベリーは産後の体を癒やすと考えられている。中国の裕福な家庭では、娘が出産した後にその母親が１日約７４０ポンド［10万円前後］以上でスープ料理人と個人契約することもめずらしくない。スープ料理人は住み込みで家事をすべて取りしきり、産後で本調子でない新米の母親にも目を配ってサポートする。

チョウセンゴミシは五味子《ウーウエイジー》としても知られ、長寿と生命力を約束する「究極のスーパーベリー」として市販の漢方薬の成分に用いられる。[9] このベリーは砂糖漬けにして街頭で売られることはなく、小さな赤い実を乾燥させて粉末にしたものを漢方に配合し、炎症を抑えたり精神衛生を改善したりするのに使われる。

シーベリーは中国、チベット、インドの伝統医学でおもに皮膚疾患の治療に使用されてきた。同様に、古代ギリシアではこれをそのまま馬の餌にして毛並みを良くしたという（ラテン語の学名 *Hippophae* は「光る馬」という意味だ）。淡いオレンジ色の果実は鋭いトゲに守られているが、これを取り除いた果実はボトル入り飲料として出荷され、ドイツやスカンジナビアの市場で販売される。シーベリーには抗変異原性《こうへんいげんせい》［細胞に突然変異を起こさせる物質の活動を抑制する性質］があり、がん患者の骨髄が放射線治療により損傷するのを防ぎ、化学療法による体力の消耗を補う効果があるとされているが、これを立証するためにはまだ治験を重ねる必要がある。

◉スーパーフード

ベリーは「スーパーフード」として知られている。さまざまな抗がん作用を持つ植物化学物質のフラボノイドが豊富に含まれており、なかでも高濃度なのがアントシアニンと呼ばれるフラボノイドだ。アントシアニンはおもに植物の色素に影響を与え、ベリーを赤色や青色、紫色にする。また、強力な抗酸化物質でもあるためさまざまな病気の治療に役立つことが期待されている。「ベリーは色が黒いほど果汁は甘い」ということわざがあるが、実の色が黒いほどアントシアニンも多く含まれている。

将来ベリー類が治療薬として適用される可能性については、その多くがまだ治験の前段階の非臨床試験でしか確認されていない。だが、2016年現在「ニュートラシューティカルズ」［健康維持に役立つという科学的根拠を持つ食品や飲料］産業の市場規模は1600億ポンド［約20兆円］となっている。チョークベリー、ウルフベリー、ホーソーン、ビルベリー、アサイー、そしてアサイーと同じく熱帯地方で採れるチリ産のワイルドブラックベリー（マキ）を使った健康・美容製品は、中

ベリーを使ったサプリメントはさまざまな病気を予防すると宣伝されている。

国と日本で大きなビジネスを展開している。漢方薬のような補完代替医療が主流として認められつつある西洋でも、ベリーのサプリメントの需要は限りなく大きい。

こうした製品は西洋医学に懐疑的な人々に特に人気で、このビジネスで大きな利益をあげている人々もいる。アメリカの有名なトーク番組『オプラ・ウィンフリー・ショー』で皮膚科医のニコラス・ペリコーンが「アサイーはダイエットと顔のしわ対策の特効薬だ」と話したところ、アサイー製品の売り上げが爆発的に伸びた（この点について、アサイーの効果は実証されていない）。なお、ペリコーンは自分のウェブサイトで箱入りのアサイーの粉末30箱を75ドル［約8000円］で販売している。

ベリーを使ったサプリメントや健康食品はいくつかの症状を和らげる効果はあるかもしれないが、病気を抑制したり予防したりする効果は科学的には証明されていない。一部の科学者はこの点を指摘し、売り手のうさん臭さと購買者の傾倒ぶりに批判的だ。ある科学者は学術誌「アカデミック・メディシン」で「こうした企業は科学を否定することによって、怪しげで疑似科学的な健康製品に興味を持つ人々を煽り、購買層を拡大してきた」とはっきり述べている[10]（その記事は、代替医薬品を購入する人は基本的に2種類に分けられるとし、ヒッピー的な考え方を持つ人間と切羽詰まっている人間だ、とも書いている）。

もっとも、多くの効果は実証されていないとはいえ、ベリー類の摂取とがん細胞の破壊との間に関連性がありうることは科学的にも認められている。人類学者E・N・アンダーソンは「ベリー類、特にイチゴ、ラズベリー、ブルーベリー、ザクロ（植物学上はベリーに分類される）の摂取と、長寿、またがんや心臓病の発生率低下との関連性はじゅうぶん考えられる」と自著で述べている[11]。

エルダーベリーのチンキ剤やアサイーの濃縮パウダーは人間の寿命を延ばすお守り程度の効果しかないかもしれないし、科学がまだ数値化できていないだけで、本当は大きな力を秘めているのかもしれない。ベリーは食べ物であり、飲み物であり、薬でもある。また、私たちを楽しませてくれ、伝説を語り、それぞれの地域性を明確に打ち出す存在だ。ベリーは小さく愛らしい果実だが、過小評価されるべきではない。ベリーが不思議な魅力で私たち人間を惹きつけて止まないのは、紛れもない事実なのだから。

謝辞

科学と農業の差を埋めようと取り組んでいる研究者の皆さんに改めて謝意を表する。おかげで私たちは多くのおいしい食べ物と出会えるのだ。また、美しく、有益で、「変てこな植物」を次々と世に送り出したルーサー・バーバンクにもお礼を述べたい。

「The Whom［アメリカのポートランド州を拠点にした著作家グループ］」のメンバーにも感謝を。こんなに長く仲間であり続けてくれたことには、ただただ驚くばかりだ。

訳者あとがき

見た目も愛らしく、栄養や美容にもいいと世界中で高い人気を誇るベリー。誰もがよく知る身近な果実——だと思っていたのですが、冒頭からその定義に驚かされました。正確にはベリーとは「種子が果肉に包まれ、薄い皮で覆われている果実」であり、植物学上はトマトや柿、コーヒー豆、さらにはキュウリやメロンなどもベリーに含まれるとのこと。そして、イチゴは「ストロベリー」という名前にもかかわらず、定義上はベリーの仲間ではないらしいのです。訳し進めていくうちに、ベリーは思っていたよりずっと複雑で、しかも長く多彩な歴史や文化を持つ植物だということがわかってきました。そこで、このあとがきでは各章で印象に残ったことなどをお話しして、皆さんをベリーの世界にご案内したいと思います。

第1章「ベリーの種類」では、タイトルの通りベリーが分類ごとにくわしく紹介されています。ベリーにこれだけの種類があるとは、この本に出会うまで知りませんでした。また、色とりどりのベリーの美しい写真もぜひ楽しんでいただきたいと思います。

第2章「物語のなかのベリー」。ベリーにまつわる伝承や神話、物語は世界中に数多く存在します。

実りや愛情の象徴として登場する場合もあれば、災いを引き起こす不吉な役割を担うこともあり、ますます奥深さを感じさせます。また、昔から伝わるというブラックベリーやラズベリーの夢占いも面白く、個人的にはぜひラズベリーの夢を見たいところですが（どんな占いかは本文でぜひ読んでくださいね）、ラズベリーの夢を見るのはなかなか難しそうです。

第3章「ベリーの栽培と採取」で特に興味深かったのは、著者の謝辞でもふれられているアメリカの農学者ルーサー・バーバンクのエピソードです。彼は植物の開発や改良に夢中で取り組み、白いブラックベリーやトゲのないベリーなども含め、生涯でなんと800以上の植物品種を開発したそうです。「植物の魔術師」と呼ばれていたというのも納得です。また、ベリーの採取において昔から児童労働が行われており、2016年にも同じ事例が発生しているという現状には考えさせられるものがありました。

第4章「料理と飲み物」は、「『食』の図書館」シリーズならではの内容です。おいしそうな料理や飲み物がたくさん登場しますが、ブタやトナカイの血を混ぜたスカンジナビアのパンケーキ「ブロッドプラッター」には少々驚きました。それで思い出したのが、北欧神話の天地創造です。神々は巨人ユミルを殺してその体で世界を創造し、毛も、骨も、血も、脳みそも無駄にはしません。これは狩った獲物を無駄なく使うという北欧の人々の考え方の現れだと読んだことがあるのですが、「ブロッドプラッター」もその流れを汲むものなのかもしれません。そう考えると、本当に食はその国や地域の文化を如実に表すものだと改めて感じます。

第5章「毒でもあり、万能薬でもあり」には、昨今流行りの「スーパーフード」としてのベリーに言及すると同時に、歴史を紐解いて毒薬に使われてきた過去にも光が当てられています。それにしても、楽しく明るいイメージのヒイラギやヤドリギの実に毒があることを、私は本書で初めて知りました。ベリー、恐るべし……

本書『ベリーの歴史 *Berries: A Global History*』は、イギリスの Reaktion Books が刊行している The Edible Series の一冊です。２０１０年に料理とワインに関する良書を選定するアンドレ・シモン賞の特別賞を受賞したシリーズで、邦訳版では「『食』の図書館」および「お菓子の図書館」シリーズと命名されています。同じ著者で『トウガラシの歴史』も刊行されていますので、ご興味がある方はそちらもぜひ読んでみてください。

駆け足になってしまいましたが、著者いわく「不思議な魅力で私たち人間を惹きつけて止まない」ベリーを、本書を通して深く知っていただければうれしく思います。巻末のおいしそうなレシピも試してみてくださいね。

最後になりましたが、『トリュフの歴史』、『図説 デザートの歴史』に引き続き、貴重な数多くのアドバイスをくださった担当編集者の中村剛氏に感謝申し上げます。

２０２０年11月

富原まさ江

mons) (https://commons. wikimedia.org/wiki/File:Haribo_Gelee- Himbeeren_und_-Brom-beeren- 5467.jpg), https://creativecommons.org/licensesby-sa/4.0/legalcode: p. 118; Städel, Frankfurt am Main: p. 48; from Otto Wilhelm Thomé, *Flora von Deutschland, Österreich und der Schweiz* (Gera, 1885): p. 141; photo Unsplash: p. 134; photo U.S. Fish and Wildlife Service National Digital Library: p. 54; photo Wellcome Images: p. 38; from Edward J. Wickson, *The California Fruits and How to Grow Them* (San Francisco, CA, 1910): p. 79 (photo Library of Congress).

Elsie Hui has published the image on p. 102, Jean Chatoff the image on p. 10, John Tann the image on p. 55, Ralph Daily the image on p. 111 and Sarah Haitch the image on p. 106, under conditions imposed by a Creative Commons Attribution 2.0 Generic license; Thomas Mues has published the image on p. 19 under conditions imposed by a Creative Commons Attribution-Share Alike 2.0 Generic license; Ji-Elle has published the image on p. 123 under conditions imposed by Creative Commons Attribution-Share Alike 3.0 Unported, 2.5 Generic, 2.0 Generic and 1.0 Generic licenses; Agnieszka Kwiecień has published the image on p. 22, Darren Swim has published the image on p. 16, H. Zell has published the image on p. 139, James McNally has published the image on p. 69, Olaf Simons has published the image on p. 90, Opioła Jerzy has published the image on p. 15, Petritap has published the image on p. 25, and Whistling Bird has published the image on p. 89, under conditions imposed by a Creative Commons Attribution-Share Alike 3.0 Unported license; Ph0705 has published the image on p. 64, Vipiak has published the image on p. 88, and under conditions imposed by a Creative Commons Attribution-Share Alike 4.0 International license ; any reader is free to share - to copy, distribute and transmit the work, or to remix - to adapt these works, under the following conditions: you must attribute the work in the manner specified by the author or licensor, but not in any way that suggests that they endorse you or your use of the work.

写真ならびに図版への謝辞

図版の提供と掲載を許可してくれた関係者にお礼を申し上げる（字数に限りがありキャプションでは省略した情報も、以下に記載している）。

Photos by or courtesy of the author: pp. 12, 65, 85, 99, 104, 109, 119, 123, 124, 133, 150; Bibliothèque Nationale de France, Paris: p. 68（Ms Latin 1156B）; from I. J. Bilibin, Сказки（Folk-Tales）（St Petersburg, 1903）: p. 36; from Elizabeth Blackwell, *A Curious Herbal, containing Five Hundred Cuts, of the most Useful Plants . . .*（London, 1737）: p. 15（photo U.S. National Library of Medicine Digital Collections）; from [Randolph Caldecott], *The Complete Collection of Pictures and Songs by Randolph Caldecott*（London, 1887）: p. 43（photo Library of Congress, Washington, DC）; photo David Castor: p. 96; from *Complimentary Banquet Given by the California State Board of Trade In Honor of Luther Burbank at the Palace Hotel, San Francisco, September 14th, 1903*（n.p., n.d. [San Francisco, 1903]）: p. 73（photo Library of Congress）; photo Edward S. Curtis/Library of Congress, Washington, DC: p. 57（Edward S. Curtis Collection）; photo Didgeman: p. 97; photo Lorenz Frølich: p. 46; photo Ela Haney: p. 115; photo Lewis Wicks Hine/Library of Congress, Washington, DC（Prints and Photographs Division）: p. 76; photo from the Knott's Berry Farm Collection, courtesy of Orange County Archives: p. 80; from *The Ladies' Home Journal*, LXV/2（February 1948）: p. 94（photo Janice Bluestein Longone Culinary Archive）; photo Russell Lee/Library of Congress, Washington, DC: p. 81（Prints and Photographs Division - U.S. Farm Security Administration）; photos Library of Congress, Washington, DC: pp. 60（Prints and Photographs Division - Frank and Frances Carpenter collection）, 71（Prints and Photographs Division）, 144（Prints and Photographs Division）; Library of the Russian Academy of Sciences, St Petersburg: p. 91（Ms nv. OC 34.5.30）; photo Nadiatalent: p. 17; Österreichische Nationalbibliothek, Vienna: p. 40（Cod. Vindob. ser. nov. 2644）; photo © P_Wei/iStock International: p. 6; photo Philipum: p. 63; photo Pixabay: p. 136; photo Popo le Chien: p. 147; photo Arthur Rothstein/Library of Congress, Washington, DC（Prints and Photographs Division - U.S. Farm Security Administration）: p. 75; from Viktor Rydberg, *Teutonic Mythology: Gods and Goddesses of the Northland*, vol. III（London, 1907）: p. 46; photo © Raimond Spekking/cc by-sa 4.0（via Wikimedia Com-

(London, 2009)
Watson, W.C.R., *Handbook of the Rubi of Great Britain and Ireland* (Cambridge, 1958)

参考文献

Berzok, Linda Murray, *American Indian Food* (Westport, CT, 2005)

Blochwich, Martin, *Anatomia Sambuci; or, the Anatomie of the Elder* (London, 1677)

Bowling, Barbara L., *The Berry Grower's Companion* (Portland, OR, 2000)

Brown, Catherine, *A Year in a Scot's Kitchen* (Glasgow, 1996)

Darrow, George McMillan, *The Strawberry: History, Breeding, and Physiology* (New York, 1966)

Eck, Paul, *The American Cranberry* (New Brunswick, NJ, 1990)

Edmonds, Jennifer M., and James A. Chweya, *Black Nightshades: Solanum Nigrum L. and Related Species* (Rome, 1997)

Folkard, Richard, *Plant Lore, Legends, and Lyrics: Embracing the Myths, Traditions, Superstitions, and Folk-lore of the Plant Kingdom* (London, 1884)

Forsell, Mary, and Tony Cenicola, *Berries: Cultivation, Decoration, and Recipes* (New York, 1989)

Fuller, Andrew, *The Small Fruit Culturist* (New York, 1867)

Gunther, Erna, *Ethnobotany of Western Washington* (Seattle, WA, 1945)

Gupta, Ramesh C., ed., *Nutraceuticals: Efficacy, Safety and Toxicity* (London, 2016)

Hancock, J. F., *Strawberries* (New York, 1999)

Hibler, Janie, *The Berry Bible: With 175 Recipes Using Cultivated and Wild, Fresh and Frozen Berries* (New York, 2004)

Holmes, Roger, *Taylor's Guide to Fruits and Berries* (Boston, MA, 1996)

Jennings, Jay, *Knott's Berry Farm: The Early Years* (Charleston, NC, 2009)

Kloet, S. P. Vander, *The Genus Vaccinium in North America* (Ottowa, 1988)

Lloyd, T. Abe, and Fiona Hamersley Chambers, *Wild Berries of Washington and Oregon* (Auburn, WA, 2014)

Moerman, Daniel, *Native American Ethnobotany* (Portland, OR, 1998)

Richards, Rebecca, and Susan Alexander, *A Social History of Wild Huckleberry Harvesting in the Pacific Northwest* (Portland, OR, 2006)

Seymour, Tom, *Foraging New England: Edible Wild Food and Medicinal Plants from Maine to the Adirondacks to Long Island Sound* (Lanham, MD, 2013)

Smith, Jane, *The Garden of Invention: Luther Burbank and the Business of Breeding Plants*

代表的なベリー

イチゴ（*Fragaria*）

イチゴは蔓状の茎——匍匐茎——を出す植物で，種子から繁殖する有性生殖の型と匍匐茎の節から繁殖する無性生殖がある。匍匐茎は節から根を伸ばし，遺伝的に同じクローンを作る。葉は縁がギザギザした3枚の小葉を出す複葉で，白い5弁花が咲く。通常私たちが口にする「ベリー（果実）」とは花托が肥大したもの。赤い色をしており（白やピンクの場合もある），多肉質の花托の表面にたくさんの痩果（そうか）がつくイチゴ状果である。

遺伝学的には，イチゴはどんな場所でも生育する。多倍性（染色体の対の数）はさまざまで，それが品種を決める鍵となる他，より重要なのは植物全体とその果実の強さにも関係するということだ。2倍体（2対の相同染色体を持つ）の品種は全体もその実も小さくなるのに対し，10倍体（10対の相同染色体を持つ）は商品価値のある品種になる。現在，オレゴン州のカスケード山脈に自生している十倍体種のひとつ，*Fragaria cascadensis*（通称カスケード・ストロベリー）は，新たな商業品種の開発を目指して他の十倍体種との交配が行われている。

キイチゴ類（*Rubus*）

ケインベリーとも呼ばれるキイチゴ類は低木種で，野生および栽培種を合わせて数百種類が存在する。*Rubus* は非常に多様な属だが，ブラックベリー，ラズベリー，そしてこのふたつの中間的な性質を持つすべてのベリー類にはいくつか重要な共通点がある。これらのイチゴ状果はオレンジ色や黄色のものもあるが，大半は赤，青，黒の小さく多汁な核果を作る。ちなみに核果とは，肉厚な果肉の中心に種がひとつだけあり，薄い表果皮を持つ果実のことだ。核果はやわらかく，白い花托に生り，ブラックベリーの場合は摘み取ったときに花托の一部も核果に密着しているが，ラズベリーの花托は核果から簡単に離れ，茎に残る。

ブラックベリーにはおもに3つのタイプがあり，その生育習性によって直立性，半直立性，匍匐性に区別される。この3グループは以前（20世紀初頭）には，それぞれハイ・ブラックベリー，ハーフ・ハイ，デューベリーと呼ばれていた。蔓が地面を這うように成長するデューベリー，ローガンベリー，ボイスンベリーなどの匍匐性ベリーは，他のブラックベリーよりも少し世話が大変だ。冬は暖

かく，夏は快晴が続かないとよく育たないため，トゲなしの品種があるにもかかわらず，そこまで手間をかける価値はないと考える園芸家もいる。半直立性のブラックベリーは一般的にトゲがなくおいしい実をつけるので，家庭用の品種として人気が高い。直立性のブラックベリーはトゲで武装しているものも多い。世界で最も大きいブラックベリー，カイオワという品種は長さ8センチにもなる実をつける[1]。

サービスベリー（*Amelanchier*）

サービスベリーの栽培はキイチゴ類ほど厄介ではないかもしれないが，ある植物学者は1912年に「これまでさまざまな異なる意見がみられたAmelanchier属のような品種に手を出すことには，少々ためらいがある」とぼやいている[2]。この植物学者というのは，ニューイングランド植物研究会に属し，コーネル大学の植物学部長だったカール・マッケイ・ウィーガンドだ。彼は，多様性の広さからこの属のなかには分類が難しいものもあり，判別を困難にしていると指摘した[3]。

Amelanchier 属の多様性に対するウィーガンドの評価は確かに正当で，直立した低木から匍匐性の低木まで，品種は約20種に及ぶ。北半球に自生し，ウィーガンドが研究を行った北アメリカ北東部で最も多様な種が見られるということだ。この属は1990年代に入ってからも植物学者たちを悩ませ続けてきたが，分子技術の導入によりようやく分類が定まり始めてきた。*Amelanchier* 属の分類判断の難しさは，無節操な交配，この種が持つ多様性，無性生殖などすべてが影響した結果だと言える。

だが幸い，大半のサービスベリーに共通する特徴もある。たとえば，葉は落葉性ですべすべしており（最先端だけギザギザになっているものもある），5弁花の白い花が枝の先に密集してたわわに咲く（色は黄色やピンクのものもある）。丸い果実は赤みがかった，または濃い青紫色の小さなリンゴに似ており，果皮には小さな割れ目のような構造「皮目」が広がっている。また，脆い茶色の柱頭の根元を，小さな王冠のように広がるがく片がかこんでいる[4]。

ローワン（*Sorbus*）

ローワンは北半球の温帯地域に生育する小木で，葉はアッシュツリー（トネリコとも呼ばれる。学名 *Fraxinus*）に似た複合葉だ。アメリカではマウンテンアッシュと呼ばれている。

太陽の光を浴びたような黄色から朱色まである実は，ナシ状果の集合体だ。

花は5花弁で，白く泡立つような総状花序［房のように花をつけること］を形成する。20本の雄しべが子房をかこむように広がっている。

ホーソーン（*Crataegus*）

ホーソーンには数十種類あり，近縁種のローワンに似て低木種で白い5弁花を咲かせ，温暖な気候でよく生育する。だが葉の形はローワンとは違って深い切れこみがあり，複葉ではなく単葉だ。ホーソーン（hawthorn）という名の由来となっているトゲ（thorn）は，実際には非常に短く先の尖った枝で，幹から直接生えていることもある。アジアの近縁種インディアンホーソーン（学名Rhaphiolepis）はピンク色の花に濃い青色の果実が生り，ジャムの材料にも用いられる。

ブルーベリーと近縁種（*Vaccinium*等）

ツツジ科の他の品種（シャクナゲ，ヘザー，マドロナ，ウィンターグリーンなど）と同じく，ブルーベリー種は小さな白またはピンク色のベル型の花と，革のような常緑性の葉でよく知られている。匍匐性で下生えのものもあれば，茂みや小さな低木種のもの，イチゴノキ（*Arbutus unedo*および*A. andrachne*）のように大木に成長するものもある。9種類のツツジ亜科のうち*Vaccinioideae*属にはブルーベリー，ハックルベリー，クランベリー，リンゴンベリーなど，市場で重要な位置を占める属が含まれている。

グースベリーとスグリ（*Ribes*）

グースベリーとスグリはヨーロッパ，北アメリカ，アジア，アフリカ北西部など世界各地に自生している植物だ。1～3メートル程度の低木の茂みを作る。スグリの茎は基本的になめらかだが，グースベリーの茎は細かいトゲに覆われている。ピンク，白，黄色などの香りのよい総状花序を形成する。

エルダーベリー（*Sambucus*）

かつてはスイカズラ科（*Caprifoliaceae*）に分類されていたが，近年の分子データにより，ガマズミ属とともにレンプクソウ科（*Adoxaceae*）に分類されるようになった。樹木状のエルダーベリーの低木は森林下層や畑の周辺に生えている。葉は羽状で薄く，花は白やピンクの開いた円錐花序［総状花序が何度も分枝し，全体が円錐形になっているもの］で，芳香を漂わせる。

マルベリー（*Morus*）

マルベリー（クワ）は北アフリカ，中東，南ヨーロッパ，地中海，南アジアに広く分布する十数種類の落葉樹の代表格だ。ブラックベリーに似ている多汁の小核果の集合体が，非常に地味な緑色の花につく。雌花にあるのは子房と，綿毛状の白い舌のように突き出ている雌しべだけだ。雄花はさらに小さくなり，がく片からぞんざいに突き出した小さな雄しべのみで形成されている。にもかかわらず，花粉は時速約560キロの速さで飛び，植物のなかでは最も速い。

イヌホオズキ（*Solanum nigrum, S. retroflexum* および *S. scabrum*）

この草本植物（トマトやジャガイモと同じ属）は高さ約1メートルまで育ち，切れこみのある単葉と，同じ属の他の植物のように，小さな白い花びらから突き出す黄色い葯（やく）を持つ。丸い実は緑色のうちは苦くて食べられないが，熟すと紫色がかった黒い色になる。古石器時代の化石から，イヌホオズキは古代イングランドに自生していた可能性が示唆されている。

ゴジベリー（*Lycium barbarum* および *L. chinense*）

ゴジベリー（クコの実としても知られている）は，中国では少なくとも殷の時代，つまり約4000年前から栽培されてきた。現在，おもに栽培されている中国北部の寧夏（ねいか）回族自治区と同じく，イギリスの一部の沿岸地域では浸食を食い止め，砂漠土や砂丘土が海岸線を変えることを防ぐ目的で用いられている。

高さは約3メートルにまで成長する。蔓状の木質茎と細長い葉を持ち，細い小花梗［個々の花を支える末端の枝］に紫色の花をつける。実は少し細長い朱色をしている。

バーベリー（*Berberis vulgaris*）

ヨーロピアンバーベリーは高さ4メートルまで成長するどっしりした落葉低木で，ヨーロッパと西アジア全域に自生している。茎と葉はトゲに覆われており，赤い実にはリンゴ酸が多く含まれる。

1600年代初頭に食用およびや観賞用として北アメリカに持ちこまれたこの種は瞬く間に繁殖し，1918年にはアメリカ国内で根絶計画が開始されたほどだ。バーベリーは小麦さび病を媒介するため，カナダでは栽培が全面的に禁止されている。

アサイー（*Euterpe oleracea*）

アサイー「ベリー」（実際には核果）はアマゾンやトリニダードの森林湿地帯や豊かな氾濫原に生育するヤシ科の植物だ。

他のヤシ科の木と同様に高く，細長く，南国の休日を連想させる。実はサクランボやオリーブほどの大きさで，近縁種のデーツと同じように長く枝分かれした円錐花序を形成する。果肉が厚く種が硬いのは他の核果と同じだが，色は濃い紫色で，厚みのある果肉は茶色がかった紫色だ。

ハニーベリー（*Lonicera caerulea*）

食用のハニーベリー（ハスカップ）は北日本，ニューイングランドの亜高山林，北欧，東欧に自生している。2メートル以上の高さまで成長するこの植物は木質茎と楕円形の葉が対で成長し，春には白いラッパ型の花が対で咲く。果実は直径約1センチの大きさだ。イチゴと同じ季節，6月に濃い青色の実をつける。ハニーベリーの果実は多型（たけい）［同じ生物種の集団のなかに，形態や形質の異なる複数の個体が存在すること］のため，20世紀初頭の植物学者たちをおおいに悩ませた。

実はほとんどが藍色で大まかに言えば細長い形だが，果実の形態は多種多様で，現在9種類もの品種が植物学者によって確認されている。果実はほぼ円筒形で先端が丸いが，なかには洋ナシ型やプラムのような形をしたもの，でこぼこした卵形のもの，ギザギザでいびつな形のもの，小さな青いバナナのような形をしたものもある。

ミラクルフルーツ（*Synsepalum dulcificum*）

ミラクルフルーツは西アフリカが原産で，近縁種にサポテや種子がシアバターの原料となるシアバターノキがある。ミラクルフルーツは密生した背の高い常緑低木で，白い花とコーヒー豆に似た赤い実をつける。

果実はほのかに甘酸っぱい程度だが，ミラクリンと呼ばれる分子が含まれており，この分子が舌の味を感じる器官である味蕾に作用する。そして低pH（強い酸味）に刺激されて下の甘み受容体が活性化されるのだ。他にも「ミラクルフルーツ」と呼ばれる種はふたつあるが，類似の性質を持つのはそのうちのひとつ，*Thaumatococcus daniellii*（タウマトコックス・ダニエリ）という学名を持つ品種だけだ（本文で前述の植物学者W・F・ダニエルにちなんで名づけられた）。ミラクルフルーツと同じく西アフリカ原産のこの赤い実（より具体的には，一見ベリーのように見える種皮［種子の表面を覆う付属物］）は，舌をだまして

酸味のある食べ物を甘く感じさせるわけではない。この実自体が，砂糖の2000倍の甘さを持っているのだ。

レシピ集

歴史的なレシピ

◉グースベリーのフール

世界各地にはフールのレシピが数多くあるが，エリザ・レスリーの『料理の手引き——さまざまな分野の調理法 *Directions for Cookery, in its Various Branches*』（1837年）では，フールのレシピに材料を追加してプディングを作るという二段構えになっている。ただし，ナツメグを丸ごと使うのは止めたほうがいいかもしれない（割れるような頭痛を引き起こしたいなら話は別だ）。すりおろしたばかりのナツメグを小さじ ¼ 杯も加えれば十分だ。

《グースベリーを煮詰める》
・グースベリーの両端を切り落とす。
・沸騰した湯をグースベリーに注ぎ，蓋をして30分ほど，または果皮がやわらかくなるまで蒸らす。皮が裂けて果汁が湯の中に溶けださないよう気をつけること。
・湯を捨てたらグースベリーと同量の砂糖を混ぜる。磁器製のシチュー鍋か小鍋に入れて，炭火または炭焼き器の上に置く。
・数分経ったら木のスプーンで鍋の側面に押し当てるように実をつぶし始める。頻繁にかき混ぜながら30分ほど煮詰め，よく冷ましてから調理に使う。

《グースベリーのフール》
1. 上記の方法でグースベリー約2kg を煮詰め，冷めたらすぐに沸騰させた濃厚な牛乳1000*ml* に入れてかき混ぜる。
2. ナツメグをすりおろして加え，鍋に蓋をして5分間煮る。
3. 溶いた卵黄2〜3個分を入れてかき混ぜ，すぐに火から下ろす。蓋をしたまま数分間置き，その後深皿かガラスのボウルに入れて砂糖をかけてから食卓に出す。

　この工程で煮詰めたグースベリーは，粗くすりおろしたパンを加えるとおいしいプディングにもなる。卵白と卵黄の両方も加え，よくかき混ぜて深い皿に入れて焼く。冷やしたものに砂糖を振りかけて食べる。

……………………………………………

◉ストロベリーショートケーキ

『リンカーン夫人のボストン料理の本——調理においてすべきこと，すべきでないこと *Mrs. Lincoln's Boston Cook Book: What to Do and What Not to Do in Cooking*』（1884年）に掲載され

ている「ショートケーキ No.1」と「ストロベリーショートケーキ No.2」の説明を正しく組み合わせれば，現代のストロベリーショートケーキとよく似たケーキが完成するはずだ。「No.2」は大きなケーキをひとつ作るレシピで，「No.1」のレシピではやわらかいビスケットの代わりにパイ生地を使用している。

《ショートケーキ No.1》

小麦粉…500g（ふるいにかけたもの）
塩…小さじ ½ 杯，ほんの少々
ソーダ…小さじ ½ 杯（粉砕してから測る）
酒石酸…小さじ1杯（酸乳を使う場合は不要）
バター…¼ カップ
全乳または酸乳…1カップ（冷たい水でもよい）

1. 小麦粉に塩，ソーダ，酒石酸を混ぜて2，3回ふるいにかける。バターを入れて粗びき粉のようになるまで練りこむ。
2. さくさくした食感が好きな場合は熱い牛乳にバターを溶かし，少しずつ粉に加えながらむらのない軽いスポンジ状になるまでナイフで切るように混ぜる。
3. たっぷりと粉をまぶした板の上に生地を広げ，まんべんなく粉がつくまでナイフを使ってこねる。
4. 軽く叩いて生地を平たくした後，厚みが約1.3cmになるように注意深く伸ばす。
5. 小さな丸いカッターで生地をくり抜き，鉄板かオーブンで焼く。鉄板を使う場合は，塩漬けの豚肉かバターでよく油を引き，時間をかけて焼く。目を離さず，片面がきつね色になったらひっくり返して同じようにもう片面も焼く。
6. よく膨らんだら1枚1枚の表面にバターを少し塗ってひっくり返すか，鉄板の場合は端に寄せて豚肉で再度油を引いてもう片面を焼く。
7. 両面とも焼き色がついたら中まで焼けているかを確かめる。生地のかたさから判断するか，どれか1枚をちょっと手で開いてみるといい。
8. しっかり焼けていたらすぐにテーブルに出す。ちぎりながら食べること。ナイフで切るとふわふわした触感が失われて胃もたれしてしまう。オーブンで焼く場合は，浅いフライパンにすき間なく並べて10〜15分焼く。

《ショートケーキ No.2》

ショートケーキNo.1と同じ工程で作り，小さな丸い形にしたものを鉄板の上に並べて焼く。焼けたらそれぞれ半分に割って，その片面にやわらかくしたバターを塗る。もう半分のケーキを鉄板に再度並べ，つぶして甘みをつけたイチゴ500gを大さじ1杯ずつ表面に載せる。その上に先ほどバターを塗ったケーキを重ね，砂糖をたっぷりまぶしたベリー類を載せ

る。クリームを添えて供する。

◉エルダーベリーワイン

ハナー・グラスの著書『手軽で簡単な料理法』（1747年）にはベリーワインのレシピがいくつかあるが，エルダーベリーワインはブドウのワインの質を高めるために加えるシロップとして紹介されている。また，ワインの透明度を上げるための凝集剤代わりに小麦粉，卵白，ソーダ硝石が使われているが，アイシングラス（魚の浮袋から抽出したゼラチン）も効果的だ。

1. 緑色の柄からよく熟したエルダーベリーを摘んでおく。量は好みで。ベリーを押しつぶして果汁をしぼる。圧搾器を使うか，重みのある2枚の板にはさんで行う。どちらもない場合は手でつぶしてもよい。
2. しぼった果汁を古い樽に注ぎ，ハチミツを入れて沸騰させた水を樽ひとつにつき約11リットル加える。醱酵促進剤としてエール酵母（上面醱酵酵母）を少々入れ，むらが出ないようよく混ぜる。
3. 透明度を増すために小麦粉，卵の白身，および少量のソーダ硝石を加える。
4. しっかり醱酵させて仕上がったら沈殿物を取り除き，春まで保管する。
5. 春になったら樽ひとつにつきエルダーベリーの花と棒砂糖を約2kg ずつ加え，7日間置いておく。非常にコクが出て，芳香を放つようになる。

◉ローガンベリーのダンプリング

このレシピは，オレゴン州ポートランドのユダヤ婦人議会が1912年に出版した『身近な料理の本 *The Neighborhood Cook Book*』から引用したものだ。今でもローガンベリーはオレゴン州で商品用に栽培されているが，この本が出版された当時は同州での栽培が始まってまだ10年ほどしか経っていなかった。マリオンベリーが開発されたのは，さらに40年以上経ってからだ。このレシピはローガンベリーがなければブラックベリー種ならどれでも代用できるが，できればオレゴン州で栽培されている品種が理想的だ。

1. 約1*kg* のローガンベリーをやわらかくなるまで煮て好みの甘さにする（または果物の缶詰くらいの甘さ）。
2. 小麦粉2カップ，塩小さじ ½ 杯，クレセント社のベーキングパウダー小さじ2杯を混ぜて2度ふるいにかける。
3. 牛乳と溶き卵1個分を混ぜ，小麦粉がしっとりするまで注ぎ入れる。
4. この生地をよく火の通ったローガンベリーの上に大さじ1杯ずつ落とす。
5. 蓋をして15〜20分ほど弱火で煮る。
6. 皿に盛りつけ，ホイップクリームを添えて供する。

◉ラズベリービネガー

この飲料用の酢はマリオン・ハーランドの『家事の基本』（1884年）にあったレシピで，事実上シュラブのことだ。

1. ラズベリーを石製の容器に入れ，つぶしてジャム状にする。
2. リンゴ酢——似たような代替品ではなく本物のリンゴ酢——をひたひたに注ぐ。太陽の下で12時間，その後地下室でひと晩寝かせる。この間，時々よくかき混ぜること。
3. 翌日，中身を漉して残った澱（おり）と同じ量の新鮮なベリーを瓶に入れる。その中に漉した酢を注ぎ，ベリーをつぶして一日中日光に当てる。
4. 翌日，もう一度瓶の中身を漉す。
5. この液体1000*ml*につき500*ml*の水を加える。
6. 5の液体約1500*ml*につき約2.2*kg*の砂糖（高品質の白砂糖）を加える。
7. これを弱火にかけ，砂糖が溶けるまでかき混ぜる。弱火でじっくり煮ながらアクを取り除く。
8. 沸騰したらすぐに火から下ろし，中身を漉す。温かいうちに瓶に詰め，コルクと封ろう，または蜜ろうと松やにで密封する。非常にさっぱりとした，口当たりのいい飲み物になる。

◉ティパリーゼリー

『ビートン夫人の家政読本』の改訂版（1907年）で紹介されているこのティパリーゼリーは，イギリス領インド帝国時代にインドに住んでいたイギリス人の主婦向けの料理本によく載っていたレシピのひとつだ。

材料——ティパリーの実（ケープグースベリー），砂糖，レモンの果汁

工程——実を拭き，冷水に浸してやわらかくなるまで弱火で煮る。これをゼリー専用の布袋に入れてつるし，水気を切る。このとき袋をしぼらないこと。次に，袋ひとつにつき砂糖450*g*とレモン果汁大さじ1杯を加え，1時間ほど弱火で煮る。用意した型に中身を注ぐ。すぐに食べない場合には瓶に詰めておく。

時間——約2時間

平均的な費用——不明

◉ピラフ——ペルシャ風

これはトゥラビ・エフェンディによる，驚くほど多岐にわたる料理本『トルコ料理の書 *Turkish Cookery Book*』（1862年）からのレシピだ。このピラフは，イランの結婚式で出される宝石をちりばめたようなピラフによく似ている。また，羊肉の代わりに鶏肉を使い，ピスタチオを省略し，スグリの代わりにバーベリーを使えばゼレシュク・ポロウという料理に変身する。

《アジェムピラフ（肉入りピラフ）》

1. 1*kg*強の羊肉をクルミ大に切り，シチュー鍋に入れる。肉に脂が少なければ新鮮なバターを100*g*前後加える。
2. 炭火にかけ，肉が焦げない程度に焼き色がつき，脂肪分が油のように透明になるまで焼く。透明になったかどうかは鍋を一方に傾けてみて確認する。
3. 持ち手のついたストレーナー（ざる状の漉し器）で肉を鍋から取り出して皿に載せる。
4. 鍋に残った脂で，細かくきざんだタマネギ3～4個分をきつね色になるまで炒める。
5. 肉を鍋に戻し，ひと握りかふた握りのピスタチオとスグリ，ミックススパイスを小さじ1杯，よく洗った最高品質の米約900*g*を加え，冷水2000*ml*を静かに注ぎ，十分に塩を振って鍋に蓋をする。蒸気を閉じこめるために蓋の縁に小麦粉ペーストを塗って密封する。
6. 鍋を火にかけ，水分が肉に浸透するまで弱火で煮こんだら蓋を取り，鍋の中身を温めた皿に丁寧に移して供する。このピラフは見栄えもするし，味もおいしい。

現代のレシピ

◉スグリのジャム

ロックバンドのグリズリー・ベアーは「スグリのジャムはジャムの王様」だと歌っているが，バターを塗った温かいスコーンにこのジャムを載せて食べると「確かに」と納得してしまう。スグリには天然のペクチンが多く含まれているのでジャムにしやすく，渦巻きプディングに入れてもおいしい。

柄から外したクロスグリ…500*g*
水…1カップ（240*ml*）
砂糖…2¼ カップ（500*g*）
クレーム・ド・カシス（クロスグリのリキュール）…大さじ1杯（お好みで）

1. 厚底の鍋にスグリを入れ，水を注いで沸騰させる。火を中弱火に弱めて15～20分ほど，またはスグリがやわらかくなって水分がほぼ蒸発するまで煮る。
2. ポテトマッシャーか木のスプーンの背でつぶし，砂糖とクレーム・ド・カシスを加えて混ぜ，さらに5分ほど煮る。ジャムを氷で冷やした皿に少し垂らし，さわってみて皺が寄ったら出来上がり。
3. 殺菌した瓶にジャムをすくい入れ，熱した布で縁を拭いてからしっかり蓋をする。
4. 完全に冷ましてから冷蔵庫で冷やすか，沸騰した湯に10分間つければ完成。約600*ml*または瓶数個分のジャムができる。

◉コーヒーに合うブルーベリーヨーグルトケーキ

コーヒーに合う温かいケーキを日曜の朝に食べるのは最高だが，表面をカラメルで固めたブルーベリーケーキはもっと最高だ。このレシピは『料理のよろこび *The Joy of Cooking*』という料理本のサワークリームを使ったケーキを参考にして，ブルーベリーをトッピングしたケーキのレシピと組み合わせたものだ。

（8〜10人分）
アーモンドスライス…¼ カップ（30*g*）
黒砂糖…¼ カップ（50*g*）
シナモン…小さじ ½ 杯
中力粉…1¾ カップ（210*g*）
砂糖…⅔カップ（130*g*）
ベーキングパウダー…大さじ1杯
重曹…大さじ1杯
塩…小さじ ½ 杯
レモンの皮…小さじ1杯
すりおろした新鮮なナツメグ…少々（または粉末小さじ ¼ 杯）
冷やした無塩バターを粗くきざんだもの…大さじ5杯（70*g*）
卵…大1個
脂肪分の高いヨーグルト（またはサワークリーム）…¾ カップ（175*ml*）
バニラ…小さじ1杯
新鮮なブルーベリーまたは冷凍ブルーベリー…1カップ（150*g*）に小麦粉大さじ1杯を加えてまぶしたもの

1. オーブンを180℃に予熱する。
2. 6穴のローフパン（21×11×6*cm*）に油を塗る。
3. アーモンド，黒砂糖，シナモンを混ぜてローフパンの底に広げる。
4. フードプロセッサーに中力粉，砂糖，ベーキングパウダー，重曹，塩，レモンの皮を入れて数度まわす。バターを加え，全体が荒い粒状になるまでまた何度かまわす。あまり混ぜすぎないよう注意すること（フードプロセッサーの代わりにフォークやペイストリーカッターでも代用できる）。
5. 大きなボウルを別に用意し，ヨーグルト，卵，バニラをよく混ぜ合わせ，先ほどの生地を混ぜ入れる。ベリーを加えて均等になるまで混ぜたらローフパンに生地を注ぐ。
6. 55〜60分，または中心に爪楊枝を刺して生地がつかなくなるまで焼く（注：冷凍ベリーを使用する場合は焼き時間を5〜10分ほど長くする。）
7. ローフパンを台の上で10〜15分ほど冷ました後，型と生地の間にナイフを差しこんで縁に沿ってまわし，台の上にひっくり返して完全に冷ます。型の底に敷いていたアーモンドスライスと黒砂糖が表面で固いカラメル状になっているはずだ。温かいままでもおいしいが，もし待てるなら完全に冷ましてから食べると表面のぱりぱりした食感がより楽しめ，我慢の甲斐があったと思うだろう。

◉クランベリーソース

エリザ・レスリーの簡単なレシピではクランベリー，水，黒砂糖だけを使って実に便利なソースができた。こちらのレシピはそれよりも少し凝っているが，ローストした七面鳥に添えると同じくらいおいしい。

新鮮なクランベリー…340g（または冷凍クランベリー1袋）
砂糖…1カップ（200g）
水…¼ カップ（180ml）
オレンジの皮と果汁…1個分

すべての材料を火にかける。沸騰したら弱火にしてベリーの実が割れるまで時おりかき混ぜながら煮こむ。ポテトマッシャーでつぶせばもっちりとしたチャツネ［果物などをペースト状になるまで煮こんだもの］のような食感に，ブレンダーでつぶすとゼリーのようななめらかな食感になる。この分量で500mlほどのソースができる。

◉グースベリーのピクルス

本来はサバの燻製に添えて出すものだが，他にも脂身の多い魚や肉との相性も抜群だ。熱々のマスの燻製とプラムを焼いた料理，白身肉，チーズ，他のピクルスと一緒に食べると，軽めの食事もちょっと贅沢になるだろう。

洗って柄から取った新鮮なグースベリー…300g
ホワイトビネガー…1カップ（240ml）
白砂糖…大さじ1杯
海塩…小さじ ¼ 杯
クローブ…2個
オールスパイスの実…3個
コショウの実…小さじ ¼ 杯
白ガラシの種…小さじ ¼ 杯
薄くスライスしたエシャロット…½個

清潔な300g入り容器または500ml用の瓶にグースベリーを入れる。残りの材料を砂糖と塩が溶けるまで温め，グースベリーの上に注ぐ。余分な水分は捨てて構わない。食べる前に少なくとも1週間，できれば1か月は冷蔵庫で冷やす。この材料で約500ml分になる。

◉烏骨鶏の薬膳スープ（ウーグージートン）

中国の家庭では，このスープは出産直後の女性が1か月間飲む伝統的な「制限食」のひとつだが，もちろん新米の母親以外の人もおいしく食べることができる。烏骨鶏が手に入らない場合は普通の鶏肉でもよい。残りの材料はアジア系の食料品店で手に入るはずだ。

頭部と足を取り除いた烏骨鶏1羽…約1*kg*分
紹興酒（料理酒は不可）…½カップ（120*ml*）
ショウガ…皮をむいて5*cm*ほどの長さに薄切りしたもの
ゴジベリー（別名クコの実）…½カップ（50*g*）
皮をむいたナツメ（別名レッドデーツ）…½カップ（50*g*）
干し貝柱（水洗いしたもの）…大4個または小8個
塩洗いしたキクラゲ…2個
斜めに薄切りしたネギ…1本分

1. 鶏肉を骨を残して8つに切る。
2. 大きめの鍋に鶏肉とひたひたの水を入れ，2分ほど沸騰させてから鶏肉を取り出しておく。これはアクと臭みをとるための下ゆでなので，水は捨てて鍋を洗い流す。
3. 鶏肉を鍋に戻し，3.3リットルの水と紹興酒を加える。
4. ショウガ，ゴジベリー，ナツメ，ホタテ，キクラゲを大きめの薬草パック（漢方薬を入れて煎じる袋。アジア系の食料品店やお茶を売る店で入手可能）に入れるか，目の粗い綿ガーゼに包んで結ぶ。こうすると，鶏肉を煮出したスープを漉すときに簡単に鍋から取り出すことができる。鶏肉が入った鍋にこれを入れる。
5. 沸騰させ，表面のアクを取り除いたら火を弱め，鶏肉が骨から外れそうになるまで1時間ほど煮る。
6. 鶏肉を穴あきスプーンですくって深めの大皿に注意深く移し，薬草パックまたは綿ガーゼの中身を加える（キクラゲはやわらかくなっているので，好みで薄く切ってもよい。まず石突きを切り落とすこと）。
7. 空になった薬草パックまたは綿ガーゼを漉し器に広げ，煮汁を漉してから皿に注ぐ。
8. 塩で味を調え，斜め切りしたネギを散らす。

◉ブルーベリー＝エルダーフラワー・ダイキリ

ブルーベリーとエルダーフラワーの相性は抜群だ。このカクテルは，オレゴン州の由緒あるマルトノマ・フォールズ・ロッジというカフェで出されていたハックルベリー・ダイキリにヒントを得たレシピだ。エルダーフラワー・リキュールを加えて，花のような甘さに仕上げた。ロッジのレシピに使われているホイップクリームのトッピングは今回必要ないので，材料から外してある。

（2人分）
冷凍ブルーベリー…1カップ（150*g*）
ライト・ラムまたはゴールデン・ラム…3オンス（90*ml*）（スパイスト・ラムは不可）
しぼりたてのレモン汁…大さじ2杯

エルダーフラワー・リキュールまたはコーディアル…大さじ2杯（サンジェルマンエルダーフラワーやフラドーサフト［エルダーフラワーのジュース］でも可）
氷…2カップ

すべての材料をミキサーでなめらかになるまで混ぜ，フラッペ状にしたものをグラスに注ぐ。

注

第1章　ベリーの種類

1　Henry Nicholson Ellacombe, *The Plant-lore and Garden-craft of Shakespeare* (London, 1884), p. 283.

2　Fredrik Wilhelm Christian Areschoug, *Some Observations on the Genus 'Rubus'* (Lund, Sweden, 1885), p. 1.

3　Pliny the Elder, *Natural History*, Book XXIII, at http://penelope.uchicago.edu, accessed 11 November 2016.

4　Richard Jefferies, *Nature Near London* (London, 1883), p. 201.

5　James Vick, *Vick's Monthly Magazine*, XI (1888), p. 94.

6　Jessup Whitehead, *The Steward's Handbook and Guide to Party Catering* (Chicago, IL, 1889), p. 332.

7　United States Department of Agriculture, 'Report of the Pomologist', *Yearbook of Agriculture* (Washington, dc, 1889), p. 593.

8　E. R. Root, ed., 'Wonderberry - Still More About It', *Gleanings in Bee Culture*, XXXVII (1909), p. 719.

9　Ying Wang et al., 'Chemical and Genetic Diversity of Wolfberry', in *Lycium Barbarum and Human Health* (Dordrecht, 2015), p. 2.

10　Frank D. Kern, 'Observations of the Dissemination of the Barberry', *Ecology*, 3 (July 1921), p. 212.

11　John Good, Esq., *Pantologia: A New Cabinet Cyclopaedia, Comprehending a Complete Series of Essays, Treatises, and Systems, Alphabetically Arranged* (London, 1819), vol. IV, p. 8.

12　William F. Daniell, 'On the *Synsepalum dulcificum, De Cand.*; or, Miraculous Berry of Western Africa', *Pharmaceutical Journal*, XI (1852), pp. 445-6.

第2章　物語のなかのベリー

1　Elias Lönnrot and John Martin Crawford, trans., *The Kalevala* (New York, 1888), pp. 720-22.

2　Percy Stafford Allen and John de Monins Johnson, *Transactions of the Third International Congress for the History of Religions: Religions of the Lower Culture. Section*

ii. Religions of China and Japan. Section III. Religions of the Egyptians. Section IV. Religions of the Semites (Oxford, 1908), p. 80.
3 Ibid., p. 511.
4 Edmund Leamy, *Irish Fairy Tales* (Dublin, 1890), p. 89.
5 Maud Grieve, *A Modern Herbal: The Medicinal, Culinary, Cosmetic and Economic Properties, Cultivation and Folk-lore of Herbs, Grasses, Fungi, Shrubs, and Trees with All Their Modern Scientific Uses* (New York, 1931), vol. II, p. 585.
6 Ibid.
7 Jeremy Taylor, *The Works of Jeremy Taylor*, vol. V (London, 1831), p. 366.
8 Richard Folkard, *Plant Lore, Legends, and Lyrics: Embracing the Myths, Traditions, Superstitions, and Folk-lore of the Plant Kingdom* (London, 1884), p. 259.
9 Ibid.
10 C. A. Willard, 'The History of Some of Our Cultivated Fruits', *Transactions of the Wisconsin State Horticultural Society*, XVII (1887), p. 68.
11 Phil Robinson, *The Poets' Birds* (London, 1873), p. 396.
12 Charlotte Sophia Burne, *The Handbook of Folklore* (London, 1914), p. 34.
13 Ossian, 'The Pursuit of Diarmuid O'Duibhne and Gráinne, the Daughter of Cormac', *Transactions of the Ossianic Society*, III (1857), p. 119.

第3章　ベリーの栽培と採取

1 Hezekiah G. Wells, *Report of the Secretary of the Michigan State Board of Agriculture* (Lansing, MI, 1880), p. 131.
2 Joseph Henry Maiden, *The Useful Native Plants of Australia* (Including Tasmania) (Sydney, 1889), p. 1.
3 William Curtis, Samuel Curtis, Joseph-Dalton Hooker, William Jackson Hooker and John Sims, 'Billardiera Scandens, Climbing Billardiera, or Apple-berry', *The Botanical Magazine: Or, Flower Garden Displayed Etc.*, XXI (1805), p. 801.
4 Herbert O. Lang, *History of the Willamette Valley, Being a Description of the Valley and its Resources, With an Account of its Discovery and Settlement by White Men, and its Subsequent History: Together with Personal Reminiscences of its Early Pioneers* (Portland, or, 1885), p. 570.
5 Samuel Carson, 'Camping in Mendocino', *Overland Monthly* (San Francisco, CA) (October 1893), p. 345.
6 Rebecca Richards and Susan Alexander, usda Forest Service, *A Social History of*

Wild Huckleberry Harvesting in the Pacific Northwest (Portland, OR, 2006), p. 16.

7 Charles Dickens, 'A Cow-brute Tragedy', *All the Year Round: A Weekly Journal* (21 April 1894), pp. 368-71.

8 Ibid.

9 'Guide to Cloudberries', My Little Norway, http://mylittlenorway.com, 19 July 2011.

10 Lang, *History of the Willamette Valley*, p. 570.

11 Ibid.

12 Col. W. Rhodes, 'The Culture of the Strawberry Plant in the District of Quebec', *Annual Report of the Montreal Horticultural Society and Fruit Growers' Association in Quebec* (1885), p. 44.

13 George M. Darrow, *Strawberry: History, Breeding, Physiology* (New York, 1966), p. 12.

14 Richard Gay Pardee, *A Complete Manual for the Cultivation of the Strawberry: With a Description of the Best Varieties. Also, Notices of the Raspberry, Blackberry, Currant, Gooseberry, and Grape; with Directions for Their Cultivation, and Selection of the Best Varieties* (New York, 1854), p. vii.

15 Luther Burbank, 'Heredity', *Gardening*, 13 (1905), p. 178.

16 Advertisement for Stingley Brothers farm in *Polk County Observer* (Monmouth, OR) (13 June 1913), p. 6.

17 'Preparation and Work for the Berry Season: Good Fruit Brings Good Prices', *American Agriculturist*, 36 (1877) , p. 178.

18 John Sammon, 'Driscoll's Growers Gave Former Interned Japanese Americans a Start', *Nikkei West*, 2011, www.nikkeiwest.com, accessed 11 November 2016.

19 Stephanie Strom, 'Driscoll's Aims to Hook the Berry-buying Shopper', *New York Times* (6 September 2016).

第4章　料理と飲み物

1 Marion Harland, *Common Sense in the Household* (New York, 1884), p. 444.

2 Ibid.

3 Ibid.

4 Edmund Spenser, 'Amoretti, Sonnet LXIV', *The Poetical Works of Edmund Spenser* (London, 1839), vol. V, p. 152.

5 Apicius, *De re coquinaria*, trans. Joseph Dommers Vehling, www.gutenberg.org, accessed 21 October 2016.

6 Magnus Nilsson, *The Nordic Cookbook* (London, 2015), p. 636.

7 Donna Light, 'CAMPUS LIFE: Middlebury; It All Started With Pie Tins in the Air', *New York Times* (9 July 1989).

8 Ibid.

9 Ibid.

10 Mary Johnson Bailey Lincoln, *Mrs. Lincoln's Boston Cook Book: What to Do and What Not to Do in Cooking* (Boston, MA, 1884), p. 85.

11 William Safire, 'Essay; Bagels vs. Doughnuts', www.nytimes.com, 25 October 1999.

12 Susan Coolidge, *Eyebright: A Story* (Boston, MA, 1879), p. 156.

13 Elizabeth Smith, *The Compleat Housewife; or, Accomplished Gentlewoman's Companion* (London, 1727) , p. 191.

14 Rebecca Moore, 'Drinking the Kool-Aid: The Cultural Transformation of a Tragedy', http://jonestown.sdsu.edu, accessed 3 November 2016.

15 Heather Arndt Anderson, *Portland: A Food Biography* (Lanham, MD, 2014), p. 209.

16 Patrick Roper, 'Chequers Ale Lives Again', http://rowanswhitebeamsandservicetrees.blogspot.com, 4 March 2010.

17 Pierre Deleschamps, *Livre du brasseur, guide complet de la fabrication de la bière* (Paris, 1828), p. 102.

18 Carolyn Johnston Pouncy, *The 'Domostroi': Rules for Russian Households in the Time of Ivan the Terrible* (New York, 2014), pp. 197-8.

19 Peter Jonas, *The Distiller's Guide: Comprehending the Whole Art of Distillation and Rectification, in All Its Various Branches* (London, 1818), front cover.

20 H. Lintot, *A Compleat Body of Distilling: Explaining the Mysteries of that Science, in a Most Easy and Familiar Manner; Containing an Exact and Accurate Method of Making All the Compound Cordial-waters Now in Use* (London, 1731), p. 21.

21 Ibid.

22 Samuel Morewood, *A Philosophical and Statistical History of the Inventions and Customs of Ancient and Modern Nations in the Manufacture and Use of Inebriating Liquors* (Dublin, 1838), p. 513.

23 Jerry Thomas, *How to Mix Drinks; or, The Bon-vivant's Companion* (New York,

1862), p. 47.

24 Ibid.

第5章　毒でもあり，万能薬でもあり

1 Charles John Samuel Thompson, *Poison Romance and Poison Mysteries* (London, 1899), p. 60.

2 John Wilkes, ed., *Encyclopaedia Londinensis; or, Universal Dictionary of Arts, Sciences, and Literature*, vol. XX (London, 1825), p. 823.

3 Sir Robert Christison, *A Treatise on Poisons in Relation to Medical Jurisprudence, Physiology and the Practice of Physic* (Edinburgh, 1835), p. 763.

4 Ibid.

5 J. U. and C. G. Lloyd, 'Mr Cutler's Account of Indigenous Vegetables, Botanically Arranged', *Bulletin of the Lloyd Library of Botany, Pharmacy and Materia Medica* (1903), p. 455.

6 Hannah Glasse and Maria Wilson, *The Complete Confectioner; or, Housekeeper's Guide: to a Simple and Speedy Method of Understanding the Whole Art of Confectionary* (London, 1800), p. 274.

7 Ibid., pp. 272-273.

8 Martin Blochwich, *Anatomia Sambuci; or, the Anatomie of the Elder, Etc.* (London, 1677), front cover.

9 'Schisandra: Ultimate Superberry', www.medicinehunter.com, accessed 9 November 2016.

10 B. L. Beyerstein, 'Alternative Medicine and Common Errors of Reasoning', *Academic Medicine*, LXXVI/3 (2001), pp. 230-37.

11 E. N. Anderson, *Everyone Eats: Understanding Food and Culture*, 2nd edn (New York, 2014), pp. 69-70.

代表的なベリー

1 Stark Bros website, 'Kiowa Berry', www.starkbros.com, accessed 11 November 2016.

2 Karl McKay Wiegand, 'The Genus Amelanchier in Eastern North America', in *Rhodora* (Boston, MA, 1921), p. 117.

3 Ibid., p. 118.

4 Harry F. Clements, 'Morphology and Physiology of the Pome Lenticels of *Pyrus*

Malus', Botanical Gazette, XCVII/1 (September 1935), p. 101.

ヘザー・アーント・アンダーソン（Heather Arndt Anderson）
オレゴン州ポートランドに拠点を置いて活動するフードライター。「ニューヨークタイムズ」「ワシントンポスト」「アトランティック」などにレシピやコラムを寄稿。食品メーカーのレシピや商品の開発にも携わる。著書多数。邦訳書に『「食」の図書館　トウガラシの歴史』がある。

富原まさ江（とみはら・まさえ）
出版翻訳者。『目覚めの季節～エイミーとイザベル』（DHC）でデビュー。小説・エッセイ・映画・音楽関連など幅広いジャンルの翻訳を手がけている。訳書に『老人と猫』（エクスナレッジ），『トリュフの歴史』『図説 デザートの歴史』（原書房），『完全版 ビートルズ全曲歌詞集』（ヤマハミュージックメディア），『ルーヴル美術館 収蔵絵画のすべて』（ディスカヴァー・トゥエンティワン／共訳）など。

「食《しょく》」の図書館《としょかん》

ベリーの歴史《れきし》

●

2020年11月30日　第1刷

著者……………ヘザー・アーント・アンダーソン
訳者……………富原《とみはら》まさ江《え》
装幀……………佐々木正見
発行者……………成瀬雅人
発行所……………株式会社原書房

〒160-0022 東京都新宿区新宿1-25-13
電話・代表03(3354)0685
振替・00150-6-151594
http://www.harashobo.co.jp

印刷……………新灯印刷株式会社
製本……………東京美術紙工協業組合

ISBN 978-4-562-05855-6, Printed in Japan

ソースの歴史 《「食」の図書館》

メアリアン・テブン著　伊藤はるみ訳

高級フランス料理からエスニック料理、B級ソースまで…世界中のソースを大研究！　実は難しいソースの定義、進化と伝播の歴史、各国ソースのお国柄、「うま味」の秘密など、ソースの歴史を楽しくたどる。

2200円

水の歴史 《「食」の図書館》

イアン・ミラー著　甲斐理恵子訳

安全な飲み水の歴史は実は短い。いや、飲めない地域は今も多い。不純物を除去、配管・運搬し、酒や炭酸水として飲み、高級商品にもする…古代から最新事情まで、水の驚きの歴史を描く。

2200円

オレンジの歴史 《「食」の図書館》

クラリッサ・ハイマン著　大間知知子訳

甘くてジューシー、ちょっぴり苦いオレンジは、エキゾチックな富の象徴、芸術家の霊感の源だった。原産地中国から世界中に伝播した歴史と、さまざまな文化や食生活に残した足跡をたどる。

2200円

ナッツの歴史 《「食」の図書館》

ケン・アルバーラ著　田口未和訳

クルミ、アーモンド、ピスタチオ…独特の存在感を放つナッツは、ヘルシーな自然食品として再び注目を集めている。世界の食文化にナッツはどのように取り入れられていったのか。多彩なレシピも紹介。

2200円

ソーセージの歴史 《「食」の図書館》

ゲイリー・アレン著　伊藤綺訳

古代エジプト時代からあったソーセージ。原料、つくり方、食べ方…地域によって驚くほど違う世界中のソーセージの歴史。馬肉や血液、腸以外のケーシング（皮）などの珍しいソーセージについてもふれる。

2200円

（価格は税別）

脂肪の歴史 《「食」の図書館》

ミシェル・フィリポフ著　服部千佳子訳

絶対に必要だが嫌われ者…脂肪。油、バター、ラードほか、おいしさの要であるだけでなく、豊かさ（同時に「退廃」）の象徴でもある脂肪の驚きの歴史。良い脂肪／悪い脂肪論や代替品の歴史にもふれる。　２２００円

バナナの歴史 《「食」の図書館》

ローナ・ピアッティ＝ファーネル著　大山晶訳

誰もが好きなバナナの歴史は、意外にも波瀾万丈。栽培の始まりから神話や聖書との関係、非情なプランテーション経営、「バナナ大虐殺事件」に至るまで、さまざまな視点でたどる。世界のバナナ料理も紹介。　２２００円

サラダの歴史 《「食」の図書館》

ジュディス・ウェインラウブ著　田口未和訳

緑の葉野菜に塩味のディップ…古代のシンプルなサラダがヨーロッパから世界に伝わるにつれ、風土や文化に合わせて多彩なレシピを生み出していく。前菜から今ではメイン料理にもなったサラダの驚きの歴史。　２２００円

パスタと麺の歴史 《「食」の図書館》

カンタ・シェルク著　龍和子訳

イタリアの伝統的パスタについてはもちろん、悠久の歴史を誇る中国の麺、アメリカのパスタ事情、アジアや中東の麺料理、日本のそば／うどん／即席麺など、世界中のパスタと麺の進化を追う。　２２００円

タマネギとニンニクの歴史 《「食」の図書館》

マーサ・ジェイ著　服部千佳子訳

主役ではないが絶対に欠かせず、吸血鬼を撃退し血液と心臓に良い。古代メソポタミアの昔から続く、タマネギやニンニクなどのアリウム属と人間の深い関係を描く。暮らし、交易、医療…意外な逸話を満載。　２２００円

（価格は税別）

カクテルの歴史《「食」の図書館》
ジョセフ・M・カーリン著　甲斐理恵子訳
氷やソーダ水の普及を受けて19世紀初頭にアメリカで生まれ、今では世界中で愛されているカクテル。原形となった「パンチ」との関係やカクテル誕生の謎、ファッションその他への影響や最新事情にも言及。
2200円

メロンとスイカの歴史《「食」の図書館》
シルヴィア・ラブグレン著　龍和子訳
おいしいメロンはその昔、「魅力的だがきわめて危険」とされていた!?　アフリカからシルクロードを経てアジア、南北アメリカへ…先史時代から現代までの世界のメロンとスイカの複雑で意外な歴史を追う。
2200円

ホットドッグの歴史《「食」の図書館》
ブルース・クレイグ著　田口未和訳
ドイツからの移民が持ち込んだソーセージをパンにはさむ――この素朴な料理はなぜアメリカのソウルフードにまでなったのか。歴史、つくり方と売り方、名前の由来ほか、ホットドッグのすべて！
2200円

トウガラシの歴史《「食」の図書館》
ヘザー・アーント・アンダーソン著　服部千佳子訳
マイルドなものから激辛まで数百種類。メソアメリカで数千年にわたり栽培されてきたトウガラシが、スペイン人によってヨーロッパに伝わり、世界中の料理に「なくてはならない」存在になるまでの物語。
2200円

キャビアの歴史《「食」の図書館》
ニコラ・フレッチャー著　大久保庸子訳
ロシアの体制変換の影響を強く受けながらも常に世界を魅了してきたキャビアの歴史。生産・流通・消費についてはもちろん、ロシア以外のキャビア、乱獲問題、代用品、買い方・食べ方他にもふれる。
2200円

（価格は税別）

ジビエの歴史　《「食」の図書館》

ポーラ・ヤング・リー著　堤理華訳

古代より大切なタンパク質の供給源だった野生動物の肉ジビエ。やがて乱獲を規制する法整備が進み、身近なものではなくなっていく。人類の歴史に寄り添いながらも注目されてこなかったジビエに大きく迫る。２２００円

牡蠣の歴史　《「食」の図書館》

キャロライン・ティリー著　大間知　知子訳

有史以前から食べられ、二千年以上前から養殖もされてきた牡蠣をめぐって繰り広げられてきた濃厚な歴史。古今東西の牡蠣料理、牡蠣の保護、「世界の牡蠣産業の救世主」日本の牡蠣についてもふれる。２２００円

ロブスターの歴史　《「食」の図書館》

エリザベス・タウンセンド著　元村まゆ訳

焼く、茹でる、汁物、刺身とさまざまに食べられるロブスター。日常食から贅沢品へと評価が変わり、現在は人道的に息の根を止める方法が議論される。人間の注目度にふりまわされるロブスターの運命を辿る。２２００円

ウオッカの歴史　《「食」の図書館》

パトリシア・ハーリヒー著　大山晶訳

安価でクセがなく、汎用性が高いウオッカ。ウォッカはどこで誕生し、どのように世界中で愛されるようになったのか。魅力的なボトルデザインや新しい飲み方についても解説しながら、ウォッカの歴史を追う。２２００円

キャベツと白菜の歴史　《「食」の図書館》

メグ・マッケンハウプト著　角敦子訳

大昔から人々に愛されてきたキャベツと白菜。育てやすくて栄養にもすぐれている反面、貧者の野菜とも言われてきた。キャベツと白菜にまつわる驚きの歴史、さまざまな民族料理、最新事情を紹介する。２２００円

（価格は税別）

コーヒーの歴史　《「食」の図書館》
ジョナサン・モリス著　龍和子訳

エチオピアのコーヒーノキが中南米の農園へと渡り、世界中で愛される飲み物になるまで。栽培と消費の移り変わり、各地のコーヒー文化のほか、コーヒー産業の実態やスペシャルティコーヒーについても詳述。２２００円

テキーラの歴史　《「食」の図書館》
イアン・ウィリアムズ著　伊藤はるみ訳

メキシコの蒸溜酒として知られるテキーラは、いつ頃どんな人々によって生みだされ、どのように発展してきたのか。神話、伝説の時代からスペイン植民地時代を経て現代にいたるまでの興味深い歴史。２２００円

ラム肉の歴史　《「食」の図書館》
ブライアン・ヤーヴィン著　名取祥子訳

栄養豊富でヘルシー…近年注目されるラム肉の歴史。古代メソポタミアの昔から現代まで、古今東西のラム肉料理の歴史をたどり、小規模で持続可能な農業についても考察する。世界のラム肉料理レシピ付。２２００円

ダンプリングの歴史　《「食」の図書館》
バーバラ・ギャラニ著　池本尚美訳

ワンタン、ラヴィオリ、餃子、団子…小麦粉などを練ってつくるダンプリングは、日常食であり祝祭の料理でもある。形、具の有無ほか、バラエティ豊かなダンプリングにつまった世界の食の歴史を探求する。２２００円

シャンパンの歴史　《「食」の図書館》
ベッキー・スー・エプスタイン著　芝瑞紀訳

人生の節目に欠かせない酒、シャンパン。その起源や造り方から、産業としての成長、戦争の影響、呼称問題、泡の秘密、ロゼや辛口人気と気候変動の関係まで、シャンパンとスパークリングワインのすべて。２２００円

（価格は税別）